Walt Disneys geheimes Pflanzenbuch

Deutsch von Christina Callori

Delphin Verlag

Erschienen bei Arnoldo Mondadori Editore S.p.A., Milano, 1982.
Originaltitel: 5° MANUALE DELLE GIOVANI MARMOTTE –
Fiori & Piante.
Erschienen im Delphin Verlag GmbH, München und Zürich, 1983.
Satz: FotoSatz Pfeifer, Germering.
Printed in Spain.
ISBN 3-7735-5131-2
D.L.TO.: 91-1983.

Seid mal ehrlich, könnt ihr alle behaupten, die geheimnisvolle Welt der Pflanzen wirklich zu kennen? Wenn nicht, dann habt ihr nun mit diesem Handbuch die Möglichkeit, auf eine aufregende Entdeckungsreise zu gehen. Viele Walt Disney-Figuren werden euch dabei durch vergangene Jahrhunderte und über ganze Kontinente hinweg begleiten. Vor allem aber haben sich Tick, Trick, Track und all ihre Pfadfinderfreunde vom Fähnlein Fieselschweif viele Spiel- und Bastelvorschläge, Gartenbauanleitungen, Kochrezepte und natürlich interessante Geschichten überlegt, so daß ihr euch auf eurem Ausflug ins Pflanzenreich sicherlich nicht langweilen werdet.

Gute Reise!

Die Samen reisen genauso wie wir, oder fast genauso. Der einzige Unterschied besteht darin, daß sie dazu kein Auto und kein Flugzeug brauchen. Meistens trägt sie der Wind über beachtliche Entfernungen. Da gibt es Samen, die fliegen wie Federn, und andere wieder verhalten sich wie winzige Propeller. Manche Samen fliegen sogar per Anhalter. Gratis lassen sie sich von irgendeinem Vogel mitnehmen, der das bestimmt gar nicht merkt. Nehmen wir an, eine Taube setzt sich auf feuchte Erde, in die vorher Samen gefallen sind. Fliegt sie nun wieder hoch, so hat sie an ihren Füßen Mitreisende aufgenommen, ohne es zu wissen. Ist die aufgenommene Erde getrocknet, so fällt sie bei der nächsten Landung zusammen mit den Samen wieder ab, viele Kilometer vom Aufnahmeort entfernt.

Mit den Füßen eines einzigen Vogels können bis zu vierzig verschiedene Samenarten aufgenommen werden. Aber auch Schuhe dienen den Samen als Transportmittel, zum Beispiel wenn ein Pfadfinder über einen Feldweg läuft und an seinen Schuhsohlen Schlamm und Erde, gemischt mit einer ungeheuren Menge von Samen, kleben. Auch die Reifen der Autos, der Motorräder, der Fahrräder und der Traktoren nehmen in ihrem tiefen Profil Samen mit, die auf ihren Weg gefallen waren. So reisen sie von einem Ort zum anderen und manchmal auch von einem Land zum anderen.

Wollt ihr das nachprüfen? Es ist nicht schwer. Kratzt einmal nach einem Spaziergang eure Schuhe ab und schüttet das, was abgefallen ist, in einen Blumentopf. Wenn ihr nun eifrig gießt, werden nach einigen Tagen die Samen aufgehen. Welche? Nun, das wird eine Überraschung sein!

Das Sternzeichen bestimmt eure Lieblingspflanzen

Wie alle Kinder, die etwas auf sich halten, liebt ihr ganz bestimmt die ganze Natur, so wie sie ist. Aber trotzdem ist euch sicher diese oder jene Pflanze und Blume lieber. Das hängt ganz von dem Charakter eines jeden ab, aber auch – wie es scheint – vom eigenen Sternzeichen. Prüft einmal nach, ob das stimmt, und benutzt dazu die Tabelle, aus der ihr euren botanischen Charakter erkennen könnt.

Sternzeichen	*Bevorzugte Blumen*	*Bäume und Sträucher*	*Charakter*
Widder 21.3.–20.4.	Nelke Gladiole Tulpe	Agave Kaktus Stechpalme	stolz
Stier 21.4.–21.5.	Margeriten Veilchen Pfingstrose	Steinbuche Pflaumen Linde	verträumt
Zwillinge 22.5.–21.6.	Schwertlilie Lavendel	Kirschbaum Nußbaum	unbeständig
Krebs 22.6.–23.7.	Ginster Mohn	Pappel Weide	fantasiereich
Löwe 24.7.–23.8.	Petunie Rose	Zeder Eiche	nachtragend
Jungfrau 24.8.–23.9.	Hortensie Jasmin Veilchen	Geißblatt Vogelbeerbaum Holunder	ruhig
Waage 24.9.–23.10.	Geranien Goldlack Tulpe	Zypresse Ahorn Pappel	instinktiv
Skorpion 24.10.–22.11.	Dahlien Gladiolen Gardenien	Buchsbaum Zypresse Tanne	ängstlich
Schütze 23.11.–22.12.	Chrysantheme Jasmin Hyazinthe	Birke Esche Lärche	optimistisch
Steinbock 23.12.–21.1.	Margeriten Rose	Eiche Platane	ernst
Wassermann 22.1.–19.2.	Mimose Rose	Kastanie Pappel	originell
Fisch 20.2.–20.3.	Seerose Tulpe	Tanne Weide	sentimental

Der König des Gartens

Wer ist der größte Bewohner des Gartens? Ja, das ist der Kürbis, der einen Durchmesser bis zu 70 cm und ein Gewicht von über 100 kg erreichen kann. Dieser König des Gartens ist reich an Vitamin A und wird für ausgezeichnete Gemüsesuppen und Aufläufe verwendet. Aber auch als Marmelade oder durstlöschendes Getränk schmeckt er unerwartet gut.

In den Zeiten, als wir mit dem Essen noch nicht so anspruchsvoll waren, war der Kürbis auch ein beliebter Gast auf dem Mittagstisch, denn er konnte auf verschiedene Arten zubereitet werden, und ernährte eine ganze Familie mehrere Tage lang.

Kürbissamen schmecken gebrannt und gesalzen ausgezeichnet; leider machen sie jedoch sehr durstig!

Bei den Griechen waren die Kürbisse bereits vor über 3000

Jahren sehr beliebt. Einige Indianerstämme schrieben dem Kürbis sogar Zauberkräfte zu: Am Tag ihrer Hochzeit schnitten die jungvermählten Paare einen großen Kürbis in der Mitte durch; das bedeutete ein glückliches Eheleben.

Seinen großen Tag hat der Kürbis jedes Jahr am Vorabend des Festes Allerheiligen. Besonders gefeiert wird dieses Fest in Amerika; es handelt sich um das berühmte *Halloween*, die Nacht der Hexen. Einer alten Tradition zufolge verkleiden sich die amerikanischen Kinder so schrecklich wie nur möglich. Dabei nehmen sie ausgehöhlte Kürbisse mit, die mit Auge, Mund und Nase versehen wurden. Im Innern der Kürbisse stehen brennende Kerzen; das läßt sie wie gespenstige Riesenmasken erscheinen. Die Kinder klopfen bei den Nachbarn an und verlangen Süßigkeiten. Wenn sie keine bekommen, so drohen sie mit jeder Art von Zauber- und Hexenwerk. Dieser schöne Brauch sollte auch bei uns eingeführt werden!

Guten Appetit!

Niemand kann einfach in den Stamm oder in einen Zweig des Brotbaumes in Ozeanien beißen, denn er ist kein langes Brot, sondern ein über 12 m hoher, kräftiger Baum. Seinen Namen verdankt er den kopfgroßen Früchten, deren mehliges Fruchtfleisch von einer faltigen Schale umgeben ist, und die bis zu 2 kg wiegen können. Diese Früchte kann man ernten, sorgfältig schälen, in Scheiben schneiden, auf offenem Feuer grillen oder im Backofen backen. Sie schmekken wie frisches Brot!

Die grüne Fabrik

Was ist eurer Meinung nach die am besten organisierte Fabrik, die – ohne je still zu stehen und ohne je einen Pfennig für Löhne auszugeben – mehr als alle anderen produziert? Man muß nicht weit gehen, um sie zu finden. Diese außergewöhnliche Fabrik habt ihr überall vor euren Augen: zu Hause, im Garten oder im Wald. Diese Fabrik ist die Pflanze.
Um sie in Gang zu setzen, muß man nicht einmal einen Knopf drücken. Der kleine Same wird ganz von allein eine Blume, ein Strauch oder irgendeine andere Pflanze, entwickelt sich schnell und wächst heran.
Als erstes streckt er eine Wurzel heraus, mit der er sich im Boden festhält. Aus dem Boden erhält er alle notwendigen Nährstoffe, aber nicht jeder ist geeignet. Die Pflanzen haben alle ihre besonderen Bedürfnisse. Einige ziehen trockene und andere feuchte Böden vor; einige fühlen sich in der Sonne wohl und andere haben den Schatten lieber. Wie wir unsere Wohnung oder unsere Schulbank nach Möglichkeit selbst auswählen, so wählen die Pflanzen ihren Lebensraum aus.
Nachdem sich der Samen festgesetzt hat, treibt er seine Wurzeln immer tiefer in die Erde. Nun erkennt man bald einen Stiel mit kleinen Blättern, der in Richtung Himmel aus dem Boden schaut. Von diesem Moment an ist die Fabrik in der Lage, voll zu funktionieren. Das aus dem Boden über die Wurzeln aufgenommene Wasser mit den anderen Elementen verwandelt sich in Lymphflüssigkeit, die über die winzigen Gefäße der Pflanze in den Stiel und in die Blätter hinaufsteigt.
Nun wollen wir diese Blätter einmal näher betrachten, denn sie sind das Herz der Fabrik.

Sie haben die Wärme der Sonne gespeichert, und daneben auch noch das Kohlendioxid aufgenommen, das für die Atmung notwendig ist. Aus dem Gemisch von Kohlendioxid und Lymphflüssigkeit erhält die Pflanze allen erforderlichen Zucker und die Stärke. Was glaubt ihr, woraus die Knospen, die Blüten und die Früchte bestehen? Im Grunde genommen sind die Äpfel, die wir essen, und die Rosen, die wir pflücken, nichts anderes als umgewandelte Sonne, Luft und Wasser. Und mit den Äpfeln und den Rosen gilt das natürlich auch für alle anderen Pflanzenarten!

Die Pflanzen haben ebenso wie die Menschen ganz unterschiedliche Charaktere. Da gibt es einige, die alles, was sie herstellen, auch sofort verbrauchen: Das sind die einjährigen Pflanzen, die im Winter sterben und sich nicht um ihre Zukunft kümmern. Vorsorglicher sind hingegen die Pflanzen, die für die schlechte Jahreszeit Vorräte sammeln, um dann im Frühjahr zu neuem Leben zu erwachen.

Eine letzte Bemerkung zur grünen Fabrik: Trotz der vielen Arbeit, die in ihr geleistet wird, geht es vollkommen ruhig zu! Ist das etwa keine tolle Sache?

Was für nette Tierchen!

Nehmt ein Vergrößerungsglas und beschaut euch damit die Blumen auf dem Beet. Die winzigen bräunlichen oder grünlichen Tiere, die ihr auf den Blättern, auf den Knospen und auf den Blüten laufen seht, sind Blattläuse.
Um sich zu ernähren, saugen die Blattläuse die Lymphflüssigkeit aus den Pflanzen heraus und spritzen bei dieser Gelegenheit ein Gift hinein. Dadurch wird die Pflanze krank und in den kleinen Löchern, die durch den Einstich entstanden sind, bildet sich Schimmel. Mit anderen Worten, die Blattläuse zerstören die Pflanzen, auf denen sie wohnen und von denen sie sich ernähren! Sobald zu wenig Lymphflüssigkeit da ist, übersiedeln diese schrecklichen Bewohner auf die Nachbarpflanzen, auf die sie alle Arten von Krankheiten übertragen. Zwei oder drei Monate später kann es sein, daß sie auf die ursprüngliche Pflanze zurückkehren, der es vielleicht inzwischen gelungen war, sich zu erholen.
Während ihr die Blattläuse beobachtet, erscheinen wahrscheinlich auch Ameisen. Sie halten sich nämlich aus Naschsucht in der Nähe der Blattläuse auf. Diese sondern eine zukkerhaltige Substanz ab, die den Ameisen gut schmeckt.

Sie holen sie sich direkt bei den Blattläusen ab und es sieht so aus, als würden sie diese melken. Deswegen heißen die Blattläuse auch *Ameisenkühe.* Ein Glück für die Pflanzen, daß auch die Blattläuse einige Feinde haben! So vernichtet der Marienkäfer (zum großen Ärger der Ameisen) ganze Herden von Blattläusen.

Steck dir eine Blume an den Hut . . . und du gehst in die Geschichte ein!

Ludwig IX., ein Heiliger und König Frankreichs aus dem 13. Jahrhundert, hatte eine ausgesprochene Vorliebe für Pflanzen. Es wird gesagt, daß er sich immer in den Schatten einer Eiche setzte, wenn er Gericht halten wollte. Außerdem gründete er den Ginsterorden, in den diejenigen aufgenommen wurden, die sich durch Werke der Liebe und Barmherzigkeit hervorgetan hatten. Der König hatte diese Pflanze nicht zufällig gewählt. Der Ginsterbusch wächst auf sehr armem Boden und trägt trotzdem die schönsten gelben Blumen. Es ist fast ein Wunder, ein Wunder ebenso wie das der Liebe!

Der Ginster ist auch durch die englische Dynastie der Plantageneten berühmt geworden. Der Gründer der Dynastie, Gottfried der Schöne, hatte während einer Schlacht die Feder auf seinem Helm verloren. Schnell ersetzte er sie durch einen blühenden Ginsterzweig (französisch: *le genêt*). Die Schlacht wurde gewonnen und der Ginster blieb auf dem Helm und im Namen der blühenden Nachfahren des schönen Gottfried!

Der bärtige Arthur

Gefällt euch der bärtige Arthur auf der folgenden Seite? Er läßt sich ganz einfach herstellen und macht Spaß. Wollen wir es versuchen?

Material

- ein Malkasten mit Wasserfarben;
- zwei unterschiedlich große Blumentöpfe (der Einfachheit halber und zum besseren Verständnis nennen wir den größeren Blumentopf A und den kleineren B);
- zwei Untersetzer, einer etwas größer als der Boden des Topfes A, und einer etwas größer als der obere Rand des Topfes B;
- genügend Erde, etwas Kies und eine Handvoll Sand;
- Kressesamen (die gibt es in Samengeschäften, oder ihr sammelt sie direkt von der Pflanze, wenn gerade die richtige Zeit dafür ist).

Ausführung

Zeichnet Arthurs Gesicht auf den Blumentopf und malt es dann farbig an. Versucht, es so freundlich wie möglich aussehen zu lassen! Auf den umgedrehten Blumentopf B zeichnet ihr den Hemdkragen und eine Krawatte und malt auch diese aus.
Schüttet etwas Kies auf den Grund des Blumentopfes A, darauf kommt etwas Sand und danach die Erde. Drückt das Ganze zusammen und feuchtet es an.

Ordnet die Blumentöpfe und die Untersetzer so an, wie es auf der Zeichnung zu sehen ist. In den Untersetzer und den Blumentopf A füllt ihr etwas angefeuchtete Erde. Später braucht ihr diese Erde (dort, wo Arthurs Bart entsteht) nicht mehr zu gießen, da sie mit dem Wasser aus dem Blumentopf A mitversorgt wird.
Sät nun die Kresse in den Blumentopf A und in den entsprechenden Untersetzer.

Bereits nach einigen Tagen sprießt die Kresse. Wenn sie genügend gewachsen ist, könnt ihr Arthurs Haare und den Bart nach Belieben mit einer Schere stutzen. Haltet die Erde immer schön feucht, dann könnt ihr immer weiter Friseur spielen. Zur Abwechslung pflanzt oder sät doch einfach einmal einige Blümchen zwischen die Haare unseres lieben Arthur, oder versucht einmal, die Reste der . . . Rasur bei Tisch zu servieren: Mit Salz, Pfeffer, Öl und Zitrone schmeckt die Kresse ausgezeichnet!

A
B

Das große Buch der Bäume

Solltet ihr Großstadt-Pfadfinder sein, sehen für euch möglicherweise alle Bäume ähnlich aus. Oft braucht man aber gar nicht weit zu gehen, um auch einmal andere Baumarten zu finden.
Jeder der vielen verschiedenen Bäume hat seine Persönlichkeit. Wir stellen euch jetzt einige besonders bekannte vor. Zum Schluß werdet ihr soviel wissen, daß ihr auch mit den Pfadfindern vom Lande mithalten könnt!

Die Eiche

Auf der Welt gibt es etwa 200 verschiedene Eichenarten. Natürlich trifft man nicht alle dieser Arten in Europa an. Aber wahrscheinlich erfreuten sich schon Christoph Kolumbus und Leonardo da Vinci am Schatten einiger dieser Bäume, da dieser majestätische Baum gut 500 Jahre alt werden kann.
Die Früchte dieser Bäume, die Eicheln, sind ein Leckerbissen für die Schweine. In mageren Zeiten werden sie aber auch von den Menschen verwendet: Gebrannte Eicheln ergeben einen Ersatzkaffee, der in Ermangelung des Bohnenkaffees gut zum Frühstück schmeckt!
Die Eiche ist ein Sinnbild für Kraft, Macht und langes Leben; ihre Blätter erscheinen oft auf Adelswappen und auf den Militäruniformen.
Aus dem harten, schweren Eichenholz werden die besten Weinfässer hergestellt.

Die Linde

Eine Tasse Lindenblütentee ist schon seit Jahrhunderten ein bewährtes Schlafmittel – allerdings nicht für die Bienen. Wenn sie die Lindenblüten besuchen, dann wollen sie nicht einschlafen, sondern eine ausgezeichnete Honigsorte produzieren.

Nicht nur die Bienen und diejenigen, die Schlafprobleme haben, sind von der Linde begeistert, sondern auch die Schnitzer, die eine Vorliebe für das weiche Holz haben. Das sollte euch jedoch auf keinen Fall dazu verleiten, das übliche Herz in die Rinde zu ritzen, denn der Baum ist sehr empfindlich.

Die Buche

Sicher habt ihr im Wald schon oft die kleinen, braunen, dreikantig-spitzen Früchte der Buche gefunden. Aus diesen Bucheckern stellt man ein gutes Öl oder auch Seife her. Die kleinen, stacheligen Gehäuse der Bucheckern werden viel zum Basteln von Gewürzkränzen verwendet.
Die Buche ist ein sehr widerstandsfähiger Baum und kann bis zu 300 Jahre alt werden. Leider wird sie oft schon vorher gefällt, da man ihr Holz zu herrlichen Möbelstücken verarbeiten kann. Das Holz eignet sich außerdem gut für Peitschen, da es besonders biegsam ist. Euch Pfadfindern ist es aber sicherlich viel lieber, der Baum bleibt in seiner vollen Größe und Schönheit stehen – stimmt's?

Die Esche

Es ist sehr gut möglich, daß die Esche eine ganze Apotheke ersetzt. Natürlich ist das nur Spaß, aber etwas Wahres ist dran. Dieser herrliche Baum, der wirklich auf jedem Boden – sogar auf einem verseuchten – wächst und deshalb auch in den Städten sehr verbreitet ist, steckt voller Heilkräfte.

Habt ihr Fieber, so hilft euch ein Tee aus Eschenrinde. Bei Appetitlosigkeit verhilft euch der gleiche Tee zu einem Bärenhunger. Ein eisgekühltes Getränk aus Eschenblättern löscht den Durst besser als jede andere Flüssigkeit. Bei Verdauungsschwierigkeiten könnt ihr jeden Tag ein Gläschen Eschensaft trinken ... aber nicht zu viele!

Die Ulme

Habt ihr vielleicht einen Freund, der ausgesprochen anpassungsfähig ist, einen jener Menschen, die ohne Mühe immer und überall jede Situation meistern? Dieser Freund ist dann mit der Ulme zu vergleichen. Dieser anspruchslose Baum ist nämlich in jeder Umgebung, sogar in einer verseuchten, lebensfähig.
Aber auch diese anspruchslose Ulme hat leider zwei unerbittliche Feinde: Ein kleines Insekt frißt ihr die Blätter ab, was ihr den Atem nimmt, und ein nur mikroskopisch kleiner Pilz ist so schädlich, daß er Ulmen ganzer Gebiete vernichten kann.

Die Steinbuche

Dieser robuste Baum nimmt eigentlich gar nichts übel. Im Winter bleiben die abgestorbenen Blätter fest an den Zweigen. Die Steinbuche zeichnet sich auch dadurch aus, daß man sie auf jede denkbare Weise beschneiden kann, ohne daß sie darunter leidet.
Durch diese Fähigkeit, sich der Fantasie der Gärtner zu unterwerfen, hat sich der Baum einen Ehrenplatz in den schönsten Gärten Europas erobert, wo er noch heute in den unvorstellbarsten Formen als Hecke weiterlebt.
Aus dem weißen, harten Holz der Steinbuche wurden in früherer Zeit Landwirtschaftsgeräte und das Joch hergestellt, mit dem die Ochsen vor den Karren oder an den Pflug gespannt wurden.

Die Kiefer

Die Gattung der Kiefern ist ungeheuer groß und einige ihrer Arten sind für Vieles zu gebrauchen, nur nicht als Weihnachtsbäume. Zu den Kiefern gehören auch die Pinien, die vor allem in Italien wachsen. Besonders bekannt ist die *Große Pinie,* die wie ein geöffneter Regenschirm aussieht. Sie kommt vor allem in der Nähe des Meeres vor und spendet mit ihrer prachtvollen Krone erfrischenden Schatten. Die Samen, die in den Pinienzapfen versteckt sind, sind ein Leckerbissen für die Eichhörnchen. Aber auch den menschlichen Feinschmeckern sind sie bekannt und werden zum Kochen und Backen verwendet.

Nicht nur die Pinienkerne, das Holz, verschiedene Öle und Harze, die als Heilmittel verwendet werden, gewinnt man aus der Pinie, sondern mit ihr sind auch zwei Namen verbunden: Einmal der *Pinot*-Wein, der so heißt, weil die Weintrauben, aus denen er gewonnen wird, Pinienzapfen ähneln; zum anderen *Pinocchio,* die berühmte Holzpuppe, die Meister Geppetto aus einem Pinienholz herstellte. Die Fata Turchina verhalf ihr dann zum Leben, und sie erlebte unglaubliche Abenteuer.

Die Tanne

Auch die Gattung der Tannen ist sehr umfangreich. Sie liebt eine gehobene Stellung ... man findet sie also auch in den Bergen.
Sie nimmt den Ehrenplatz ein, den kein anderer Vertreter aus der Pflanzenwelt erreicht hat: Sie ist der beliebteste Weihnachtsbaum. Diesen Ehrgeiz muß sie jedoch hart bezahlen. Nachdem sie den herrlichsten Weihnachtsschmuck getragen hat, landen sie nutzlos auf dem Sperrmüll.
Die Rechtfertigung, daß man die Bäume ja nur deshalb anpflanzt, um sie dann zu opfern, ist ein schwacher Trost. Die Lösung wäre ein Weihnachtsbaum mit Wurzeln, den man dann irgendwo wieder einpflanzen könnte. Findet ihr nicht auch?

Die Stechpalme

Nach der Tanne gehört die Stechpalme sicherlich zur beliebtesten Weihnachtsdekoration. Mit ihren roten Beeren, die sie gerade während der Winterzeit trägt, eignet sie sich besonders gut dazu. Wie der Name bereits sagt, ist es nicht leicht, Zweige der Stechpalme zu brechen, auch wenn sie uns während der Winterzeit, die so arm an Farben ist, mit ihrem herrlichen Rot und Grün besonders reizt. Die Stechpalme verteidigt sich: Vor allem die unteren Blätter sind mit besonders scharfen Spitzen versehen. Die Stechpalme gehört übrigens zu den ältesten Pflanzen der Erde. Bereits vor 125 Millionen Jahren konnte man sie auf der Erde bewundern; damals machte sie sich das Vergnügen, die prähistorischen Riesentiere zu pieken!

Gemüse? Nein, danke!

Was würdet ihr zu einer pflanzenfressenden Pflanze sagen? Sicher meint ihr, sie sei ein Kannibale. Aber wie müßte man dann erst eine fleischfressende Pflanze nennen? Solche Pflanzen, die sich von Tieren ernähren, gibt es nämlich tatsächlich!
Da ist zum Beispiel die kleine, nur einige Zentimeter hohe Venusfliegenfalle, die man auch *Fliegenklappe* nennt. Ihre runden, leicht vertieften Blätter sind an den Rändern mit langen, roten Haaren versehen. Eine – wie Tau wirkende – Flüssigkeit bedeckt die Blätter, auf die sich die Fliegen gern stürzen, denn sie sehen sehr appetitlich aus. Aber die Fliegen müssen schnell erkennen, daß eine Art Leim sie angelockt hat, an dem sie klebenbleiben, während das Blatt entlang der Mittelrippe zusam-

menklappt. Das Tier wird gefangengehalten. Wenn ein oder zwei Tage später sich das Blatt wieder öffnet, findet man die Fliege nirgends mehr. Nun werdet ihr meinen, diese kleinen Ungeheuer gibt es bestimmt nur in einigen tropischen Wäldern. Doch da irrt ihr euch. Die Venusfliegenfalle ist auch in den warmen und morastigen Gebieten der südlichen europäischen Länder ziemlich verbreitet.

In Portugal gibt es sogar eine fleischfressende Pflanze, die sich die Menschen sehr gern in ihre Wohnung stellen. Sie soll Fliegen, Mücken und andere Insekten vertilgen und heißt Sonnentau. Sie steckt ihre langen Blätter wie Fangarme in die Luft. Diese Blätter scheiden eine Flüssigkeit aus, die die Insekten anzieht. Sobald sich jedoch das Tier auf dem Blatt niederläßt, bleibt es kleben. Spezielle Verdauungsdrüsen auf jedem Blatt sorgen dann dafür, daß das Insekt vollkommen verschwindet.

Die Kannenpflanze hingegen ertränkt ihre Opfer. Am Ende jedes Blattes befindet sich eine Art Pfeifenkopf. Er ist mit einer gut riechenden Flüssigkeit gefüllt. Die naschhafte Fliege fällt hinein und ertrinkt. Sofort wird sie von der gefräßigen Pflanze verzehrt . . .

Der Weiher und die Wasserrose

Nehmt an, eine Wasserrose verdoppelt jeden Monat die Oberfläche ihrer Blätter. Wenn die Blätter der Wasserrose nach sechs Monaten einen halben Weiher bedecken, wie viele Monate brauchen sie noch, um den gesamten Weiher auszufüllen?

Die Lösung dieser Frage steht auf Seite 153.

Aus eins mach zwei

Stellt euch vor, jemand nimmt einfach irgendein Teil eures Körpers, zum Beispiel euren Kopf, einige Haare, eure Finger, einige Stücke von euren Fingernägeln. Dann begießt er das alles und behauptet, daß daraus ein Mensch entsteht, der genauso aussieht wie ihr. Sicher antwortet ihr, das sei unmöglich und ihr habt auch vollkommen recht. Bei den Pflanzen jedoch ist das anders. Wenn ihr ein Blatt, einen Stiel, ein Stück Wurzel einpflanzt und begießt, so erhaltet ihr die gleiche Pflanze wie die, von der die Teile stammen. Man nennt dies *Stecklinge setzen.* Nun schlagen wir euch vor, zwei solche Versuche zu starten.
Es ist sehr einfach, probiert es doch einfach mal aus!

Die Ananas

Wenn ihr das nächste Mal eine frische Ananas eßt, so hebt den oberen Teil mit den Blättern auf. Laßt ihn zwei oder drei Tage lang trocknen. Pflanzt ihn dann so in einen Blumentopf, daß nur noch die Blätter aus der Erde hervorschauen. Die Erde wird fest zusammengedrückt und begossen. Nach einiger Zeit bilden sich die Wurzeln und ihr habt eine neue Ananaspflanze. Natürlich dürft ihr nicht damit rechnen, Früchte zu ernten, denn dazu ist mehr Erde und ein tropisches Klima nötig!

Die Geranie

Kennt ihr jemanden, der Geranien hat? Bestimmt, denn das ist eine der meistverbreitetsten Balkonpflanzen. Bittet ihn, mit einem scharfen Messer ein Zweiglein davon abschneiden zu dürfen. Laßt an dem Zweiglein nur zwei oder drei Blätter, pflanzt es in einen Blumentopf und gießt es regelmäßig. Nach drei oder vier Wochen hat der Steckling Wurzeln bekommen; eine neue Pflanze ist entstanden, die zu gegebener Zeit anfangen wird, zu blühen.

Die beste Zeit für euren Versuch ist der Monat Juli. Achtet jedoch darauf, daß der Steckling während der Wintermonate in einem hellen, nicht zu warmen Zimmer aufbewahrt und ab und zu gegossen wird. So könnt ihr im nächsten Sommer billig zu einem blühenden Balkon gelangen.

Was ist ein Gewächshaus?

Die Samen brauchen zum Ausschlagen Feuchtigkeit (aber nicht zuviel) und Wärme (auch nicht zuviel). Nun versucht einmal, der Sonne und dem Regen Befehle zu geben! Scherz beiseite, denn so gute Pfadfinder ihr auch sein mögt, so habt ihr doch nicht die Macht, den Naturelementen euren Willen aufzuzwingen.
Es gibt aber eine sehr einfache Lösung: Ihr baut ein kleines Schutzgehäuse (ein Minigewächshaus), in dem auch im Winter Blumen sprießen. Ihr könnt euch eine der drei Bauanleitungen aussuchen.

1. Für die besonders Geschickten

- Nehmt einen 60-70 cm langen und 30-40 cm hohen Holzkasten und sägt diesen schräg nach vorne ab, wie ihr es in der Abbildung seht.
- Verseht dann den Boden mit zwei oder drei Löchern, damit das Wasser frei ablaufen kann.
- Streicht den Kasten innen und außen mit wasserabstoßender Schutzfarbe an.
- Als Deckel nehmt ihr einen Rahmen aus starkem Eisendraht, der nach Maß für den Kasten angefertigt wird. Diesen Rahmen bezieht ihr fest gespannt mit einer durchsichtigen Plastikfolie.
- Die Scharniere zum Auf- und Zuklappen des Deckels sind aus Stoff oder Leder.

Abzusägender Teil

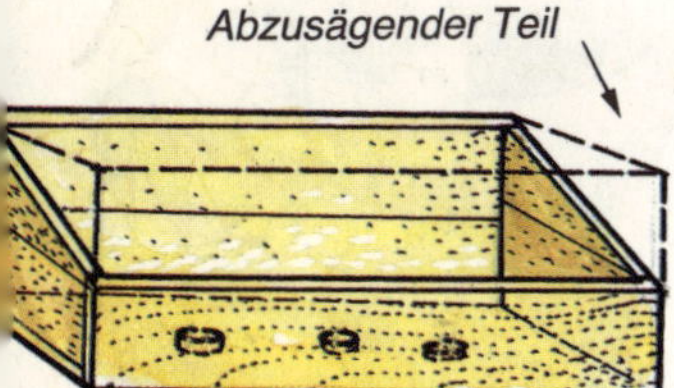

Löcher für Wasserabfluß

Scharniere

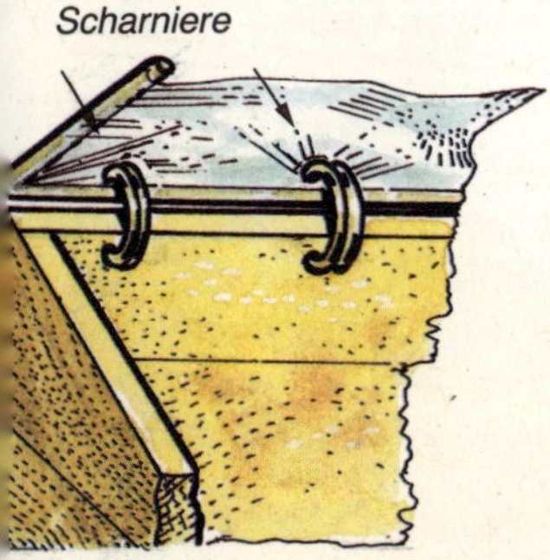

Mit Plastikfolie bezogener Drahtrahmen

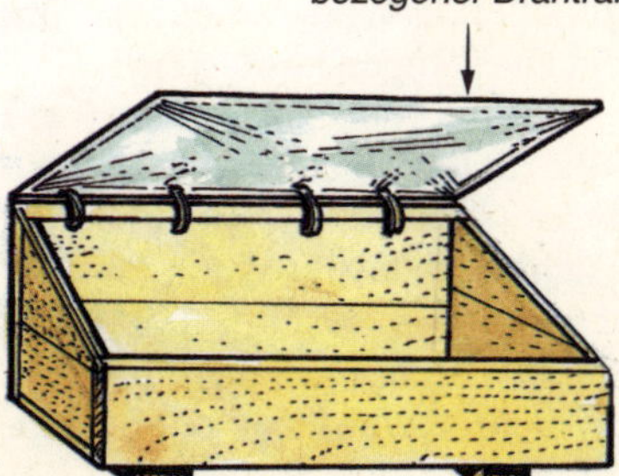

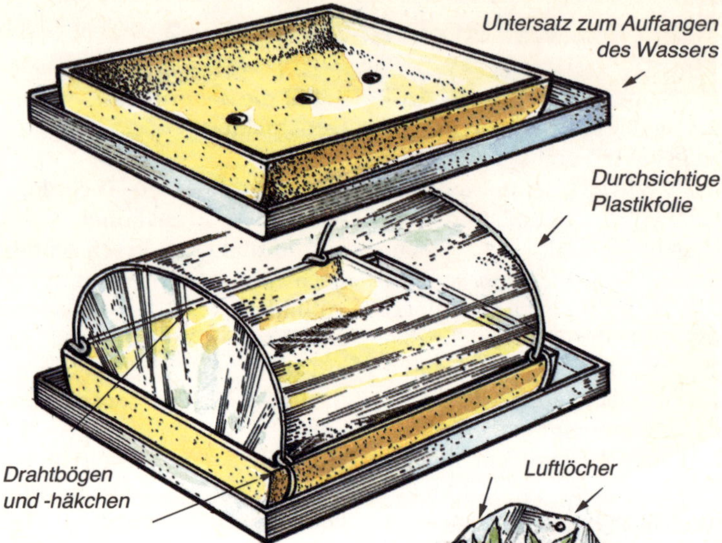

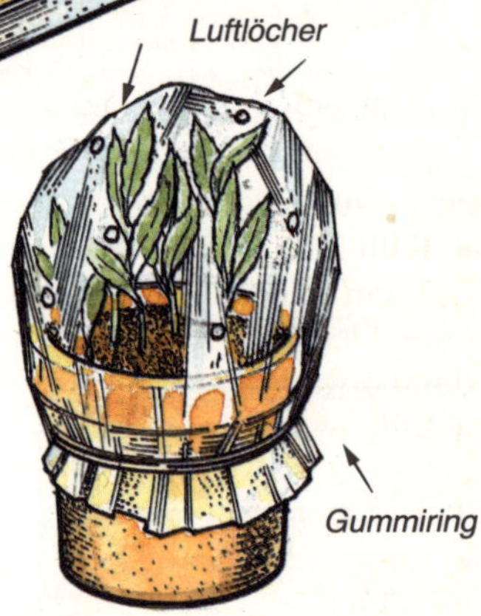

2. Für die weniger Geschickten

- Besorgt euch eine flache Schale aus porösem Material (Zement eignet sich gut), die an keiner Seite länger als 50 cm sein sollte. Stellt sie auf ein Tablett, das als Untersetzer für das abfließende Wasser dient.
- Biegt zwei Bögen aus festem Eisendraht so, daß sie genau über die Schale passen, und überzieht diese Bögen mit durchsichtiger Plastikfolie.
- Befestigt den Deckel mit Drahthaken an der Schale, damit er nicht davonfliegt oder sich bei Wind öffnet.

3. Für die, die sich nicht übernehmen wollen

- Bedeckt einen Blumentopf mit einer durchsichtigen Plastikhülle, in die ihr zur Belüftung einige Löcher eingefügt habt. Das Ganze sieht nicht sehr elegant aus, funktioniert aber ausgezeichnet und kostet vor allem wenig Arbeit.

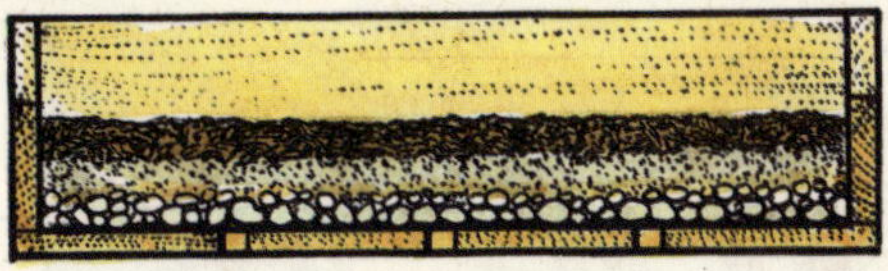

Erde und Torf
Sandschicht
Kies oder Steinchen

Schildchen mit den Namen der Blumen

Umsetzen der jungen Pflanzen

Welches Modell ihr auch gewählt habt, nun die Anleitung zum Anbau:

- Füllt die Gefäße mit einer 2–3 cm dicken Schicht Kies oder kleinen Steinen, auf die dann etwas Sand kommt. Aufgefüllt wird das Gefäß mit einem Gemisch aus Erde und Torf.
- Ordnet die Samen in Reihen an der Oberfläche an, etwa zwei oder drei Samen pro Zentimeter. Schreibt (mit wasserabweisendem Folienstift) den Namen des Pflänzchens auf ein Schildchen und steckt dieses zu den Samen.
- Bedeckt die Samen mit einer 2–3 cm dicken Erdschicht. Gießt die Erde regelmäßig, sie soll stets feucht bleiben.

Nach einigen Tagen werden die Samen ausschlagen. Sobald die kleinen Stiele vier bis sechs Zentimeter lang sind, ist der Moment gekommen, sie in einen Blumentopf, in einen Blumenkasten oder in den Garten zu pflanzen. Solltet ihr überhaupt keinen Platz finden, so könnt ihr sie ja bestimmt jemandem schenken.

Beim Umpflanzen müßt ihr darauf achten, daß die Pflänzchen in 10 cm Entfernung voneinander stehen, damit sie frei wachsen können, ohne sich gegenseitig zu stören. Wenn ihr gegen Ende Februar oder Anfang März gesät und im April umgesetzt habt, werdet ihr den ganzen Sommer über reichlich Blumen haben (es sei denn, ihr habt sie jemandem geschenkt; dann erkundigt euch mal, wie es den Blumen geht).

Eine Fantasie in Grün und Gold

Im Frühling, im Sommer, aber vor allem im Herbst könnt ihr im Wald oder auf der Wiese Pflanzen finden, die auf natürliche Weise getrocknet sind. Mit etwas Fantasie und Geschick könnt ihr sie zu schönen Kompositionen zusammenstellen und damit die Wohnung schmücken.

Das Sammeln der Pflanzen

Schneidet höhere Pflanzen, wie Disteln vorsichtig ab. Sammelt Stechpalmen, Zweige von Nußbäumen, Haselnußsträuchern, die stacheligen Hüllen der Kastanien, Tannenzapfen, getrocknete Buchenblätter, tote Zweige in bizarren Formen, die Ähren von Weizen, Gerste und Hafer. Das Ganze muß wirklich trocken sein, damit ihr es verwenden könnt.

Die Zubereitung

Geht mit eurer Arbeit ins Freie, in den Hof oder in den Garten (zu Hause könntet ihr Ärger bekommen)! Nun kauft ihr Sprühfarben in Gold, Silber und Bronze. Nachdem ihr die Zweige auf alte Zeitungsblätter gelegt habt, besprüht ihr sie mit der entsprechenden Farbe. Bevor ihr euch für die Farbe entscheidet, probiert zuerst auf ein oder zwei kleinen Stücken. Ihr könnt, wenn es euch Spaß macht, aber auch Sprühfarben in Rot, Gelb oder Grün verwenden. Denkt jedoch daran, daß Gold am besten wirkt (Ehrenwort des Onkel Dagobert).

Die Anordnung

Die Fantasiekomposition kann in einer Vase, in einer Metalldose, in einer Schachtel aus Pappe oder Holz (eventuell auch mit Farbe besprüht) angeordnet werden. Um zu vermeiden, daß die Blätter abfallen, denkt daran, alle etwas wackeligen Teile mit etwas Leim zu befestigen.
Diese getrockneten Pflanzen haben den Vorteil, fast ewig schön zu bleiben.

Könnt ihr gut beobachten?

Dann haben wir für euch ein einfaches Spiel, bei dem die Teilnehmerzahl nicht begrenzt ist. Zunächst lost ihr die Reihenfolge aus. Jeder Mitspieler muß jetzt in 30 Sekunden die Namen von Erzeugnissen nennen, die aus Pflanzen hergestellt sind. Jede genaue Bezeichnung bringt einen Punkt ein (zieht ein unparteiisches Lexikon zu Rat!).
Alle Teilnehmer kommen dreimal an die Reihe, dann werden die Punkte zusammengezählt.
Was? Ihr wollt die Lösungen von uns? Na, Na! Ihr wollt doch nicht mogeln! Aber eine wollen wir euch wenigstens verraten: Auch die Autoreifen waren früher einmal Pflanzen. Sie wurden aus dem Milchsaft der Kautschukpflanze hergestellt.

Hatschi . . . Gesundheit!

Vielleicht ist jetzt gerade Frühling, und klare Luft und warme Sonne laden zu einem Spaziergang ein.
Alles ist wunderschön, aber plötzlich fangt ihr an zu niesen. Ein-, zwei-, dreimal! Macht euch keine Sorgen, schuld an eurem Niesen ist nur der Blütenstaub. Ihr seid mit eurer Nase nicht an eine Blume gekommen? Das spielt keine Rolle, denn dieser gelbe Blütenstaub, der auf den Fruchtblättern der Blume liegt, bleibt an euren Fingern, wenn ihr sie berührt, und wird auch durch den Wind bis zu euch getragen. Einige Menschen (oder zumindest ihre Nasen und ihre Lungen) können diesen Staub absolut nicht vertragen, der bei ihnen etwas mehr als eine Reihe Nieser auslöst. Zum Glück sind diese Fälle von Allergie *(Heuschnupfen)* nicht allzu häufig, so daß die meisten von uns den Blütenstaub vieler Tausende von Blumen einatmen können, ohne es überhaupt zu bemerken. Verhaßt ist er nur denjenigen, die unter Heuschnupfen leiden. Hatschi . . . Gesundheit!
Gesundheit bringt der Blütenstaub bestimmter Blüten, wenn er nicht eingeatmet, sondern eingenommen wird. Er ist dann nämlich ein ausgezeichnetes Kräftigungsmittel.

Gefährliches Kraut

Als Christoph Kolumbus im Jahre 1492 in Haiti an Land ging, entdeckte er unter anderem (Amerika inbegriffen), daß die Aruaker-Indianer ein Kraut in ihren Pfeifen rauchten, das den Europäern unbekannt war. Sie nannten es *Tabak*.

Die Spanier erlernten diese Technik sehr schnell, wodurch wiederum bestätigt wird, daß man die schlechten Dinge am schnellsten lernt. Als Entschuldigung soll hier gelten, daß man damals glaubte, der Tabak sei absolut nicht schädlich, sondern gesundheitsfördernd und diene zur Heilung von Kopfschmerzen!

In Europa wurde der Tabak von dem französischen Diplomaten Jean Nicot eingeführt, dessen Name für immer mit dem starken Gift verbunden bleibt, das in den Zigaretten enthalten ist: dem Nikotin.

Der Tabak ist nicht nur schädlich für die verantwortungslosen Raucher, sondern er wirkt sogar tödlich auf viele Insektenarten, die den Pflanzen Schaden zufügen. Ein ganz klein wenig verbessert das wohl den schlechten Ruf des Tabaks, den er übrigens schon seit langem hat: 1642 verbot Papst Urban VIII. das Rauchen in den Kirchen und 1650 verbannte der russische Zar den Tabak aus dem ganzen Land.

Soweit sind wir noch nicht, denn bei uns darf noch immer in öffentlichen Räumen geraucht werden, was uns sicherlich keine Ehre macht.

Welches Brot mögt ihr?

Stellt euch vor, man würde alle Brotsorten, die täglich auf der ganzen Welt hergestellt werden, in einer einzigen riesigen Bäckerei zusammenstellen! Dann würde sicher eine Woche nicht ausreichen, um das Brot herauszufinden, das euch am besten schmeckt.
Es gibt keine Stadt und kaum ein Dorf, das nicht seine traditionelle Brotform hat. Dabei fehlt es nicht an kuriosen Vertretern: Da gibt es zum Beispiel die schlanken Weißbrotstangen in den verschiedensten Größen und Formen bis hin zu komplizierten, wahren Meisterwerken des Bäckerhandwerkes. Leider schmecken die Kunstwerke meistens so gut, daß sie nur eine kurze Lebensdauer haben. Andererseits zieht eben jeder Feinschmekker ein knuspriges, frisches Hörnchen einem etwas alten Brotkunstwerk vor. Wißt ihr auch, wer diese »erfunden« hat? Nein? Es war ein Bäcker aus Wien, der mit dieser Form den glorreichen Sieg des österreichischen Heeres über die Türken feiern wollte. Die Hörnchen sollten den Halbmond verkörpern, das moslemische Symbol, das die türkische Fahne ziert!

Das älteste Brot der Welt

Wenn man euch das älteste Brot der Welt anbieten würde, fändet ihr es sicher etwas altbacken. Tatsächlich wäre dieses Brot dann so etwa 7 000 Jahre alt! Schon in der Steinzeit hatten unsere Vorfahren ihr »Brot«: Sie mähten das Getreide mit spitzen Steinen, zerkleinerten die Samenkörner dann zwischen zwei Mühlsteinen und formten aus diesem groben Mehl und etwas Wasser runde, flache Fladen. Diese Fladen wurden dann auf großen, erhitzten Steinplatten gebacken.

Eben diese Fladen – oder fast die gleichen – wurden in Ägypten zur Zeit der Pharaonen gegessen. Aber eines Tages vergaß ein offensichtlich zerstreuter Bäckerjunge, den Brotteig sofort auf das Feuer zu legen; so wurde das gesäuerte Brot entdeckt. Der liegengebliebene Teig fing an zu gären und ging auf; der unaufmerksame Bäckerjunge wurde nicht gescholten, sondern gelobt, vor allem von denen, die sonst Probleme mit dem Kauen des harten Brotes hatten.

Dieses neue Brot hatte bald großen Erfolg, vor allem in Griechenland und später in Rom, der Hauptstadt der Welt und des Brötchens (100 v. Chr. gab es in der Stadt 150 Bäcker). Ihnen ist zu verdanken, daß das Brot heute auf den Tischen ganz Europas steht. Dieses täglich frische Brot begleitet uns auch, wenn wir fern von zu Hause sind: Belegte Brote fehlen nie im Rucksack der Freunde vom Fähnlein Fieselschweif!

Vorsicht vor Schmarotzern!

Wie nennt man die Leute, die genau dann ungeladen auftauchen, wenn man sich zu Tisch setzt? Genau, das sind Schmarotzer. Diese Art von Störenfrieden gibt es auch in der Pflanzenwelt. Hier werden sie auch als *Parasiten* bezeichnet.
Da ist zum Beispiel der Wachtelweizen mit seinen hübschen blauen Blütentragblättern und Blüten. Er setzt sich an den Wurzeln zahlreicher anderer Pflanzen fest, vor allem an Getreide, um sich dort mühelos seine lebensnotwendige Nahrung zu holen.
Der Sommerwurz hat einen raffinierteren Geschmack und setzt sich gern an den Wurzeln des Thymian fest. Diese Gewürzpflanze fressen die Hasen sehr gerne (und sie paßt auch dann zu ihnen, wenn sie gebraten sind).
Der Hexenzwirn ist sogar noch mehr als nur ein einfacher Schmarotzer, er ist ein richtiger Vampir. Er wählt sich die zarteren und kleineren Pflanzen aus, wie die Saatluzerne und das Kleeblatt. Mit seinem beweglichen Stiel umfängt er das Opfer, wobei er ganz harmlos wirkt. Dabei saugt er jedoch der Pflanze den lebenswichtigen Pflanzensaft aus, bis diese stirbt!

Achtung, Explosionsgefahr!

Erschreckt nicht, wenn ihr bei einem Sommerspaziergang inmitten von Blumen plötzlich ein eigenartiges Geräusch hört: Irgendein Ginstergewächs verstreut seine reifen Samen in alle vier Winde.
Im Herbst dagegen könnt ihr die unten abgebildete Heilpflanze finden, deren Samen wie durch eine Explosion in die Gegend geworfen werden, wenn ihr sie ganz leicht zwischen die Finger nehmt. Dieser Vorgang findet dann statt, wenn die Samen vollkommen reif und bereit sind, ihre Reise zu beginnen. Euer Versuch hat den Vorgang, der auf jeden Fall stattgefunden hätte, nur etwas früher ausgelöst.

Wie viele Zentimeter?

Einige Bambusarten wachsen besonders schnell. Wie viele Zentimeter wachsen sie am Tag?
20 cm? 50 cm? 90 cm?
Die Antwort steht auf Seite 153.

Wie viele Sporen?

Ein außergewöhnlicher runder, weißer Pilz, der Riesenbovist, der sogar größer als ein Fußball und bis zu 15 kg schwer werden kann, enthält:
100 000 Sporen?
1 000 000 Sporen?
Über 1 Milliarde Sporen?
Die Antwort steht auf Seite 153.

Können Pflanzen leiden?

Da die Pflanzen nicht sprechen, lachen, noch weinen können, wissen wir nicht, ob sie so wie wir Schmerzen empfinden. Sicher ist jedoch, daß einige von ihnen manchmal so reagieren, als fühlten sie sich nicht wohl.

Die echte Mimose wächst im tropischen Amerika und hat weiße oder rosa Blüten. Wenn man ihre Blätter auch nur ganz leicht berührt, falten sie sich sofort zusammen. Berührt man sie jedoch stark, so lassen sie sich herabhängen, als wären sie vertrocknet.

Der Name des Strauches sagt etwas über seine Eigenart aus: Die Pflanze »mimt« den Schmerz. Da sie offensichtlich gefühlsmäßig reagiert, nennt man sie auch *Sinnpflanze*. Diesen Versuch könnt ihr jedoch nicht mit der Ziermimose ausprobieren, die in unseren Breiten wächst. Diese hat mit der *Sinnpflanze* nur den Namen gemeinsam.

Ein indischer Wissenschaftler, Jagadis Cunder Bose, wollte durch zahlreiche Versuche beweisen, daß Pflanzen fast ebenso wie Tiere auf äußere Reize reagieren können. Mit selbsterfundenen Stromerzeugern hat er versucht, den Mimosenblättern einige Volt starke Impulse zu geben. Daraufhin zogen sich die Blätter zusammen und entfernten sich von der Energiequelle, genauso wie wir es schnellstens mit unserer Hand tun, wenn wir eine offene Leitung berühren.

Mit Hilfe seiner Apparate ist Cunder Bose auch der Beweis gelungen, daß einige Pflanzen mit der Zeit müde werden und vor Anstrengung zusammenfallen. Andere hingegen sind unter der Wirkung von Äther

und Chloroform eingeschlafen. Eine so narkotisierte echte Mimose wurde völlig gefühllos gegenüber allen äußerlichen Reizen, ebenso wie ein menschlicher Patient unter dem Messer des Chirurgen.
Dem unermüdlichen Wissenschaftler ist es sogar gelungen, zahlreiche Pflanzenarten betrunken zu machen, indem er sie Akoholdämpfe einatmen ließ. Möhren, Kastanien und Seerosen haben ähnlich auf den Rausch reagiert wie die Menschen: Zuerst wurden sie ungewöhnlich lebhaft, aber dann fielen sie in tiefen Schlaf.
Der beste Beweis für die Sensibilität der Pflanzen ist jedoch, daß diejenigen, die mit Liebe und Sorgfalt gepflegt werden (es heißt sogar, man soll mit ihnen sprechen!), besser wachsen. Seid ihr jetzt wirklich noch fähig, eine Blume sinnlos abzupflücken oder auf einen Kirschbaum zu klettern, um euch den Bauch grenzenlos vollzuschlagen?

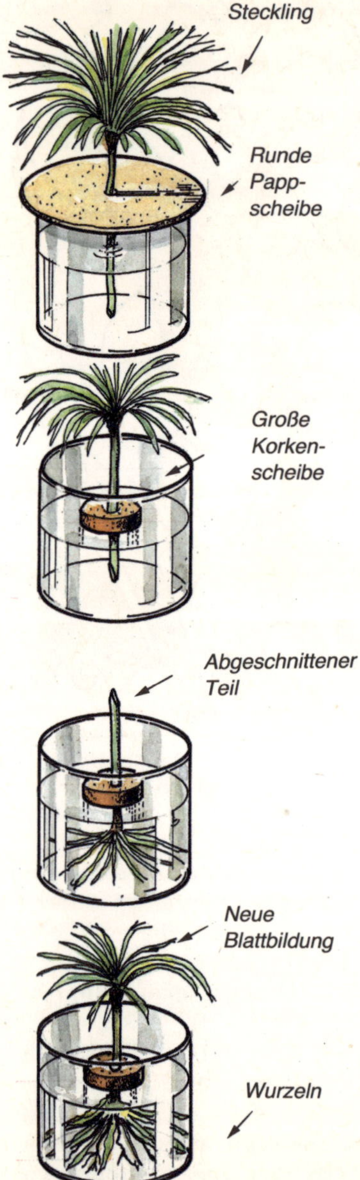

Zu Wasser und zu Lande

Pflanzen sind sehr anpassungsfähig. Wenn sie keine Erde zum Leben finden, so nehmen sie eben mit Wasser vorlieb. Wenn ihr das nicht glaubt, dann probiert es aus! Nehmt einen Ableger von einer Goldorange, einer Gartenbalsamine oder einer Riedgrasart (irgendeinen Fachmann werdet ihr schon finden!). Habt ihr eine solche Pflanze gerade nicht zur Hand, so probiert es mit irgendeiner Zimmerpflanze (dann können wir jedoch nicht für das Gelingen des Versuches garantieren).

Arbeitsanleitung

Schneidet euch eine Korkenscheibe, macht ein Loch in die Mitte und steckt den Ableger hindurch. Dann füllt ihr ein Gefäß halbvoll mit Wasser und laßt den Ableger (mit der Spitze über dem Wasser) darin schwimmen. Fügt etwas Dünger für Schnittblumen hinzu und wartet ein paar Tage. Es bilden sich Wurzeln an dem Teil, der im Wasser hängt.

Steckt nun den »Kopf« ins Wasser und laßt die »Füße« herausragen. Nun bilden sich die Wurzeln aus dem im Wasser liegenden »Kopf«, an der Luft entstehen neue Blätter.

Süße Spieße

Früchte enthalten Zucker, aber es wird euch bestimmt nicht schwerfallen, zu beweisen, daß manchmal auch umgekehrt Zucker Früchte enthalten kann.
Nehmt reife, aber nicht zu reife Pflaumen (die ovalen, dunkelblauen eignen sich sehr gut), schneidet sie in Längsrichtung entzwei und nehmt den Kern heraus. Das gleiche tut ihr mit Aprikosen mittlerer Größe. Steckt nun abwechselnd eine halbe Aprikose und eine halbe Pflaume auf mindestens 10 cm lange Holzstäbchen (es geht auch mit Weintrauben und Orangenstückchen!). In einer ziemlich großen Pfanne, in die man die Spieße eintauchen kann, laßt ihr nun ein Gemisch aus Zukker und Wasser zerschmelzen (sechs Teile Zucker und ein Teil Wasser). Wenn der Zukker goldgelb gefärbt ist, taucht die Spieße ein und dreht sie, um die Früchte von allen Seiten mit *Karamel* zu überziehen (paßt auf, daß ihr euch nicht verbrennt). Ihr werdet sehen, wie gut das schmeckt!

Ein Dank den Pflanzen!

Es ist allen, aber auf jeden Fall den naturverbundenen Pfadfindern bekannt, daß es Kräuter gibt, die wohltuende Wirkungen haben. Aber nicht alle, auch nicht alle Pfadfinder, wissen, daß das Obst und Gemüse, das wir im allgemeinen essen, eine sehr gesunde Wirkung haben kann. Hier einige Beispiele:

Pflanze	Heilwirkung
Obst	
Orange	fördert die Verdauung
Kastanie	hilft bei Vergiftungen und beruhigt nervöse Leute
Nuß	fördert die Verdauung
Weintraube	hilft bei Vergiftungen und Leberkrankheiten
Gemüse	
Möhren	reinigen den Organismus
Linsen	helfen gegen Schwäche und Blutarmut
Kartoffeln	beugen den Gelenkentzündungen vor
Spinat	dient als Stärkungsmittel

Das Geheimnis des langen Lebens

Wollt ihr 100 Jahre alt werden? Dann eßt sooft wie möglich Zwiebeln (egal, welcher Farbe), Knoblauch und Schalotten *(= Eschlauch)*.
Die Bauleute der Pyramiden in Ägypten arbeiteten jeden Tag mindestens 15 Stunden unter glühender Sonne. Diese Sklaven aßen täglich 1–2 Brotfla-

den mit Zwiebeln. Aus dieser einfachen Ernährung schöpften sie die notwendige Energie für ihr mühevolles Handwerk. Also vergeßt auf keinen Fall, an alle Gerichte, die sich dazu eignen, Zwiebeln zu geben. Dies gilt vor allem für den Salat, der dadurch auch geschmackvoller wird. Durch ihren Vitaminreichtum gibt euch die Zwiebel einen Haufen Energie, die man ja nicht nur beim Pyramidenbau gebrauchen kann! Außerdem hilft sie gegen Übergewicht, Haarausfall und vieles mehr. Macht euch keine Sorgen um den schlechten Mundgeruch: Wenn ihr nach dem Zwiebelessen zwei oder drei Kaffeebohnen kaut, wird keiner etwas merken. Und noch ein Trick: Taucht die Zwiebel vor dem Schneiden ins Wasser und die Augen bleiben trocken!

Die Wälder im Meer

Genau wie das Reich der Tiere, so beschränkt sich auch das Reich der Pflanzen nicht auf das Festland, sondern es streckt sich auf die Meere und die Ozeane aus. Das Wasser nimmt einen größeren Teil der Erdoberfläche ein als das Festland. Unter der scheinbar gleichförmigen Wasseroberfläche verbergen sich Ebenen, Täler und sogar Berge von der Höhe des Mount Everest (8848 m). Wie auf dem Festland wechseln sich auch hier wüstenartige (die aber natürlich nicht trocken sind!) Gebiete mit reich bewachsenen Gebieten ab.

Wenn ihr eine Taucherausrüstung hättet und die Tauchtechnik beherrschen würdet, um ungefähr 100 m tief hinabzusteigen, so könntet ihr die herrlichsten, vielfarbigsten Wälder bewundern. Sie bestehen aus prachtvollen Algen, von denen einige über 300 m lang sind, das ist etwa dreimal soviel wie die höchsten grünen Giganten des Festlandes. (Laut Handbuch der Rekorde sind das übrigens die Eukalyptusbäume.)

Was kostet das Kilo?

Das Kilo kostet etwa 1 000 DM. Das stimmt wirklich. Und dieser Preis ist auch gerechtfertigt, denn es handelt sich in diesem Fall um die so berühmten Trüffeln, die meistgesuchten (und offensichtlich auch am wenigsten gefundenen) Pilze der Welt.

Bereits vor 2 000 Jahren waren die Trüffeln bei den Römern sehr beliebt, und wahrscheinlich mußten diese ihren Genuß noch teurer bezahlen als wir. Nur die Reichen konnten sich die berühmten *roten Trüffeln* aus Lybien leisten, das damals noch eine Kolonie des ausgedehnten Römischen Reiches war. So konnte es geschehen, daß ein römischer Dichter einmal schrieb: »Oh, Lybier! Löst ruhig die Ochsen von den Pflügen und sendet uns kein einziges Gramm Getreide mehr. Aber um alles in der Welt, laßt uns nicht ohne eure herrlichen Trüffeln!«

Der Trüffel, auch *schwarzer Diamant* genannt, ist ein runder gräulicher Pilz mit einem Durchmesser von höchstens 4 cm. Er wächst unterirdisch an den Wurzeln der Eichen in 20 cm Tiefe. Nur extra dafür abgerichtete Hunde sind in der Lage, ihn zu finden. Daraufhin wird wohl keiner mehr daran zweifeln, daß der Hund der beste Freund des Menschen ist, vor allem der … menschlichen Genießer!

Wozu ist der Duft da?

Diesbezüglich sind alle Wissenschaftler einer Meinung: Der Duft der Blumen dient dem Anlocken der Insekten. Und warum müssen die Blumen die Insekten anlocken? Die Insekten übertragen den Blütenstaub von den Staubblättern auf die Stempel; sie ermöglichen somit erst das Entstehen der Früchte und der Samen. Aus den keimenden Samen entstehen dann weitere Blüten, und so geht der Kreislauf weiter.

An den Insekten, die sich hier niederlassen, bleibt etwas von dem Blütenstaub hängen, den sie auf andere Blumen übertragen. Das Ganze ist so ausgezeichnet organisiert und funktioniert bereits seit einigen Millionen Jahren.

Zeugen dafür sind riesige Wälder und Wiesen. Aber auch in bezug auf den Duft unterscheiden sich die Pflanzen: Es gibt zum Beispiel solche, die nur tagsüber duften, und solche, die man nur nachts wahrnimmt. Eine eigenartige Angewohnheit hat der Wachskaktus aus Mexiko. Er ist riesengroß (über 10 m), und seine Blüten beginnen sich bei Sonnenuntergang zu öffnen; dann stoßen sie bis Mitternacht regelmäßig alle 15–20 Minuten eine Duftwolke aus – fast wie ein automatisches Sprühgerät!

Die Duftkonserve

Leider dauert die farbenprächtige blühende Jahreszeit nicht das ganze Jahr über. Monatelang verschwinden die Blumen von den Wiesen und ihr Duft bleibt nur eine Erinnerung, während die Luft nach Regen, nasser Erde und Schnee riecht. Das ist jedoch kein Grund zum Traurigsein. Wißt ihr, daß man für diese Zeit eine Duftkonserve herstellen kann?

Während der Ferien könnt ihr auf eurer Urlaubsreise Akazienblüten, Lavendel, Pfefferminze, Lindenblüten, Geißblatt, Salbei und Thymian sammeln. Im Garten könnt ihr euch die Blütenblätter von Rosen, Nelken, Reseden, Pfingstrosen, Veilchen und Ringelblumen holen; je mehr ihr habt, desto besser!

Nun laßt ihr eure Beute einige Stunden lang an der Luft trocknen und verschließt sie dann einzeln in Gläser. Später könnt ihr daraus ein Gemisch verschiedener Düfte zusammenstellen, wobei ihr euch von eurem Geschmack und eurer Nase leiten laßt.

Dieses Gemisch (gut wäre, noch einige Stücke Zitronen-, Mandarinen-, Orangenschalen hinzuzufügen) füllt ihr dann in kleine Säckchen und verratet niemandem die geheime Zusammensetzung. Ratsam ist es jedoch, die Zutaten irgendwo niederzuschreiben; es könnte ja sein, daß ihr die Mischung irgendwann noch einmal herstellen möchtet.

Mit diesem Duftbeutel könnt ihr sicherlich euren Eltern oder euren Freunden eine Freude bereiten. Vor allem im Winter ist es ein (nicht teures) originelles Geschenk. Wenn ihr mit Nadel und Faden umzugehen wißt, könnt ihr auf das Säckchen auch den Namen der Person sticken, für die das wunderbare Geschenk bestimmt ist.

Fertig zum Flug!

Schaut einmal zum Himmel hinauf: Schwärme von Amseln oder Schwalben sind zu sehen, die wie Flugzeuge in die entferntesten Winkel der Erde fliegen. Vor ihrem Start haben sie gespeist und verschiedene Arten von Samen aufgepickt.

Einige Stunden später sind sie bereits weit entfernt und sitzen auf den Telefonleitungen, wo sie dann nach abgeschlossener Verdauung die Reste ihrer Mahlzeit fallenlassen, darunter noch einige Samen, die in der Erde aufgehen können.

Haben die Vögel eine sehr reichhaltige Mahlzeit zu sich genommen, so bleibt ihnen immer noch etwas zum Verdauen übrig: Sie können in ihrem Zusatzmagen (Muskelmagen) 15 bis 18 Stunden lang kleine Speisevorräte aufbewahren.

Während dieser Zeit fliegen sie bis zu 800 km weit. Wenn sie dann nichtverdaute Samen ausscheiden, so sind diese vom Aufnahmeort entfernt.

Jeder Vogel, der sich von

Pflanzen ernährt, kann also auf seiner gesamten Reiseroute die Überreste seiner Mahlzeiten »aussäen«!

Aber auch die Fische spielen bei der Samenverteilung eine Rolle. Sie nehmen die Samen zu sich, die in großer Menge auf der Wasseroberfläche schwimmen. Dann kann es vorkommen, daß sie von fischfressenden Vögeln verspeist werden. Die Vögel aber fliegen nun fremden Stränden entgegen, wo sie sich der Reste der verspeisten Fische entledigen. Damit lassen sie natürlich gleichzeitig auch die Reste der Samen zurück, die die Fische verspeist hatten. Also sind auch die fleischfressenden Vögel an der Samenverteilung beteiligt.

Das alles funktioniert ausgezeichnet. Milliarden von Samen reisen so um die Welt. Wenn man bedenkt, daß viele Vögel leicht eine Geschwindigkeit von über 50 km/h erreichen, so ist auch erklärlich, wie zahlreiche Pflanzen so oft ihren Wohnsitz ändern!

Was unter der Rose gesagt wird, ist ein Geheimnis

Im Mittelalter war es üblich, unter der Decke einen Rosenstrauß aufzuhängen, wenn sich Freunde trafen, um geheime Dinge zu besprechen. Alles, was unter diesen Blumen gesagt wurde, durfte absolut nicht an die Öffentlichkeit dringen. Alle Beteiligten dieser »Rosenversammlung« waren verpflichtet, eisernes Schweigen zu bewahren, andernfalls mußten sie mit schweren Strafen rechnen.
Das Leben der Schwätzer war damals nicht gerade rosig!

Grüne Kunstwerke – nicht fürs Museum!

Seit über 2 000 Jahren gibt es Künstler, die sich darauf spezialisiert haben, mit Hilfe einer Gartenschere verschiedenen Pflanzen die außergewöhnlichsten Formen zu verleihen. Echte Meister der Gartenschere waren in den verschiedenen Zeitepochen die römischen, italienischen, französischen und englischen Gärtner.
In England erlebten diese Gärtner im 16. Jahrhundert ihre große Zeit. Ein englischer »Grüner Bildhauer« ging so weit, mit Hilfe der Gartenschere einen griechischen Gott darzustellen, der sich in einen Hirsch verwandelt hatte und dem eine Schar anderer Personen aus der Mythologie folgte. Angeblich hatte er alle in Lebensgröße dargestellt (aber wer weiß schon, wie groß so ein Gott eigentlich war?).
Die Art Statuen, die aus lebendem Material gemacht werden, haben jedoch einen Nachteil gegenüber den üblichen

aus Holz oder Stein gefertigten: Sie müssen alle zwei oder drei Monate nachgeschnitten werden; sonst verändern neu hinzukommende Blätter und Zweige das Kunstwerk bis zur Unkenntlichkeit. Aus diesem Grund beschränkt man sich bei diesen Kunstwerken auf Pflanzen, die möglichst langsam wachsen und ihre Blätter nicht verlieren. Sonst würde die betreffende Statue im Winter ja vollkommen verschwinden. Aber trotz aller Vorsichtsmaßnahmen können solche Meisterwerke offensichtlich nie in einem Museum landen!

Auch wenn diese Kunst heute nicht mehr so stark verbreitet ist, gibt es noch immer echte Meister auf diesem Gebiet.

Die grünen Erfinder

Es gibt Wissenschaftler, die sich ständig damit befassen, die Qualität der Pflanzen zu verbessern. Sie erfinden neue Arten von Obst und Gemüse. Ja, ihr habt richtig gelesen, sie erfinden, so wie Archimedes und Pythagoras.
Einige Beispiele? Da wären die Mini-Möhren; sie wurden erfunden, damit man sie in Gläser füllen kann, ohne sie zerschneiden zu müssen. Weiterhin gibt es Möhren mit besonders widerstandsfähigen Blättern, die maschinell geerntet werden können.
Damit auch Bohnen maschinell geerntet werden können, wurde eine Sorte gezüchtet, deren Hülsen oberhalb der Blätter und nicht darunter wachsen. Das erleichtert gleichzeitig das Pflücken mit der Hand, denn man muß sich nicht ständig bücken, um die Bohnen unter den Blättern zu suchen.
Der Fortschritt ist nicht aufzuhalten, auch wenn er oft auf Kosten der Natur geht. Auf dem Markt seht ihr die herrlichen Obst- und Gemüsestände in einer Vielfalt, die man sich früher kaum vorstellen konnte. Nehmt zum Beispiel den berühmten Kopfsalat, den es früher nur in sehr viel kleinerer Ausführung gab. Aber auch andere Gemüsesorten, die bis vor einigen Jahren in unseren Gegenden kaum bekannt waren, können wir heute bei uns ernten und kaufen!

Bäume im Blumentopf

Möchtet ihr auf dem Fensterbrett oder auf dem Balkon eine Eiche, eine Akazie, einen Apfelbaum, einen Orangen-, Zitronen-, Kastanien- oder Nußbaum oder vielleicht gar eine Linde haben? Nichts ist einfacher als das, wenn ihr die nötige Geduld habt (eine Tugend, an der es einem Pfadfinder nicht fehlen sollte)!

Anleitung

Besorgt euch Eicheln, Nüsse, Mandeln (keine gerösteten!), Erdnüsse, Kerne von Äpfeln, Orangen, Mandarinen oder irgendeines Obstes, das euch zwischen die Zähne kommt.

- Bettet diese Samen den Winter über in Sand und laßt sie in einem absolut trockenen Raum trocknen. Das Sandbad muß mindestens zwei oder drei Monate lang dauern.
- Zu Beginn des Frühjahrs steckt ihr die so behandelten Samen 1–2 cm tief in einen ziemlich großen, mit Erde angefüllten Blumentopf.
- Nun heißt es gießen und warten. Es wird ein echter Baum aus der Erde sprießen. Wenn ihr sehen wollt, wie der Baum zu seiner vollen Größe heranwächst, müßt ihr ihn ins Freie pflanzen. Aber erkundigt euch zuvor, ob der gewählte Baum auch in eurer Gegend überwintern kann.

Die Pfefferminze

Das Kraut ist ein unscheinbares Pflänzchen. Aber zerreibt einmal ein Blättchen zwischen den Fingern, ihr werdet das Pfefferminzkraut sofort am Duft erkennen. Ein Auszug aus der Pflanze ist einer der am meisten verwerteten Extrakte in der Süßwarenindustrie (Bonbons, Getränke, Kaugummis), aber auch in der pharmazeutischen Industrie (Tabletten, Zahnpasta).

Das Pfefferminzkraut war schon bei den alten Römern bekannt und beliebt. Sie benutzten es, um sich den Mund zu erfrischen oder dem Wein einen besonderen Geschmack zu geben. Sehr beliebt ist die Pfefferminze in den moslemischen Ländern, wo sie auch zusammen mit dem Tee angeboten wird. Eine Tasse Pfefferminztee solltet ihr nie ablehnen, denn das ist ein besonders durststillendes Getränk.

Für diejenigen, die mit dem aufmerksamen Stillsitzen in der Schule Schwierigkeiten haben, ein Rezept aus dem antiken Rom: Hängt euch einen Kranz aus Pfefferminzblättern um den Hals, und der Duft wird euch auch während einer noch so langweiligen Stunde wachhalten! Es funktioniert garantiert!

Bonbons für geduldige Naschkatzen

Beim Fähnlein Fieselschweif essen fast alle gerne Pfefferminzbonbons. Daher haben sie inzwischen auch gelernt, sie selbst herzustellen. Dieses einfache Rezept geben sie natürlich gerne weiter, damit ihr es auch ausprobieren könnt:

Zutaten

400g Zucker;
1 Ei;
½ Zitrone;
Pfefferminzextrakt;

Zubereitung

Siebt den Zucker durch ein engmaschiges Sieb in einen Tiegel. Dann kommt das Eiweiß dazu (das Eigelb könnt ihr anderweitig verwenden). Vermischt das Ganze mit den Händen und fügt Zitronensaft und natürlich einige Tropfen Pfefferminzextrakt hinzu.
Nun knetet das Ganze nochmal durch, streut Zucker auf den Küchentisch und breitet darauf den Teig aus. Walzt jetzt den Teig mit einem Nudelholz glatt und rollt ihn zu einer langen Rolle zusammen, von der ihr mit dem Messer etwa 1 cm dicke, ungefähr gleich große Scheiben abschneidet.
Legt diese Scheiben auf einen Teller und laßt sie mindestens 1 Stunde trocknen. Aber widersteht tapfer der Versuchung, von den leckeren Bonbons zu naschen, bevor sie fertig sind. Eure Geduld wird belohnt werden!

Unverwechselbare Abdrücke

Wie ihr wißt, gleicht kein Fingerabdruck einem anderen. Das wird vor allem bei der Polizei ausgenutzt, wenn es darum geht, einen Verbrecher zu finden, der bei der »Arbeit« keine Handschuhe trägt.
Auch die Pflanzen haben ihre ganz persönlichen Abdrücke. Jedes Blatt hat seine eigene, ganz besondere Äderung. Sogar »Schwestern«, also zwei Blätter des gleichen Baumes, die sich äußerlich ähneln, unterscheiden sich darin.
Man könnte also eine große Kartei der »Naturpolizei« anlegen. Aber dazu würde ein ganzes Leben sicher nicht ausreichen. Es ist wohl besser, auf etwas weniger Umfangreiches zurückzugreifen. Man könnte zum Beispiel die Abdrücke von zwei oder drei besonders schönen Blättern aufbewahren. Wenn ihr dabei sorgfältig vorgeht, so werdet ihr mit Hilfe der Natur ein echtes Kunstwerk fertigbringen.

Anleitung

- Sucht euch besonders schöne Blätter mit einer ziemlich ausgeprägten Äderung (wie zum Beispiel Weinlaub-, Eichen-, Kastanien-, Efeu- oder Kohlblätter). Sie müssen absolut fehlerfrei und auch vollständig sein.
- Besorgt euch ein 30 cm langes Holzbrett, 2 m Bandkabel,

ein Päckchen Gipspulver, ein spitzes Messer.

- Verkürzt den Stiel des Blattes und legt es mit dem Gesicht nach oben auf das Holzbrett. Schneidet vier Stücke von dem Bandkabel, die ausreichen, um das Blatt einzurahmen. Dieses befestigt ihr mit Stecknadeln auf dem Holz.

- In einem Topf mischt ihr den Gips mit Wasser, bis eine ziemlich flüssige Mischung entsteht, die ihr sorgfältig auf das Blatt gießt. Die Fläche muß bis zum oberen Rand des Bandkabels aufgefüllt werden; dieses dient dann als Rahmen.
- Nun heißt es Geduld haben; ihr müßt warten, bis der Gips absolut getrocknet ist. Dann löst ihr das befestigte Bandkabel vorsichtig und dreht die Gipsplatte um. Nehmt das Blatt heraus; an seiner Stelle ist nun im Gips der unverkennbare Abdruck des Blattes zurückgeblieben, dem ihr – wenn nötig – mit dem Messerchen den letzten Schliff verleiht.
- Nach 24 Stunden könnt ihr euer Meisterwerk je nach Geschmack und Fantasie anmalen (aber auch in weiß ist es sehr schön). Bevor ihr jedoch damit beginnt, ist es ratsam, Farbproben auf einem Stückchen harten Gips zu machen.
- Nun ist der Abdruck des Blattes für immer registriert!

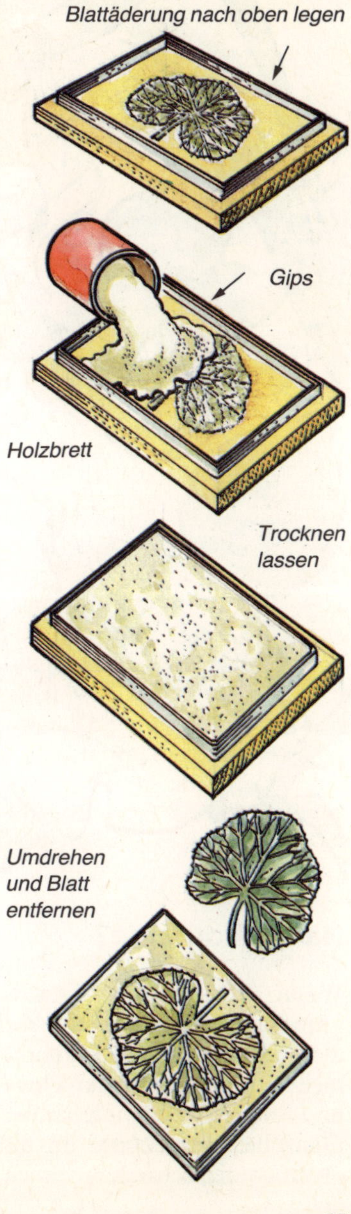

Name, Vorname?

Wenn ihr euch über Autos unterhaltet, bezeichnet ihr diese im allgemeinen bestimmt nicht nur mit »ein roter Pkw« und »ein weißer Kombi«. Ganz bestimmt könnt ihr als »Naturwissenschaftler« auch den Namen der Autofirma, des Modells sowie das Herstellungsjahr und die Stärke des Motors angeben.

Warum versucht ihr dann nicht das Gleiche in bezug auf die Blumen? Ihr bezeichnet sie ganz im allgemeinen als »eine große, gelbe Blume« oder

»eine kleine, weiße Blume«; ihr könntet doch versuchen, sie kennenzulernen und sie mit Namen und Vornamen anzusprechen!
Vom Frühjahr bis zum Herbst wachsen Hunderte von Blumen um euch herum und viele von ihnen sind sehr einfach zu erkennen: Man muß sie nur aufmerksam betrachten. Auf den folgenden Seiten findet ihr nach Monaten aufgeteilt (diese können sich, je nach der Gegend, in der ihr zu Hause seid, etwas verschieben) einige interessante Erkennungsmerkmale aufgeführt.

Schneeglöckchen

Dieser erste Frühlingsbote (nicht abgebildet) ist etwa 10–15 cm hoch und wächst gerne in feuchten Laubwäldern. Die glockenförmige Blüte ist weiß mit grün. Blätter und Blüten entspringen aus einer kleinen Zwiebel.

Huflattich

Die Pflanze ist 20–25 cm hoch, hat gelbe Blüten, die die Wiesen schmücken. Ihre Blätter sehen wie herzförmige Schuppen aus. Sie bevorzugt feuchtes, lehmiges Gelände.

Primel *(Himmelschlüssel, Schlüsselblume)*

Höhe etwa 10–20 cm, je nach Art. Sie ist das Symbol des Frühlings, den sie mit ihren gelben oder weißen Blüten ankündigt (auf der nächsten Seite, links oben, abgebildet).

Stiefmütterchen

Die Pflanze ist 5–7 cm hoch und hat weiße oder gelbe Blüten mit charakteristischen, dunklen Zeichnungen auf den Blütenblättern. Sie ist in unseren Breiten im März allerdings nur selten zu finden.

April

Narzisse

Die wilde Narzisse ist etwa 35 cm hoch, hat schmale, lange Blätter und stark riechende, gelbe und weiße Blüten. Narzissen auf den Wiesen sind eindeutige Frühlingsboten.

Hahnenfuß

Der Hahnenfuß steht mit seiner kugelförmigen gelben Blüte vor allem auf den Weiden. Die Kühe fressen ihn nicht, weil er bitter schmeckt. Der Hahnenfuß wird aus dem Lateinischen abgeleitet auch *Ranunkel* genannt, was soviel wie »kleiner Frosch« bedeutet und auf die Form seiner Wurzeln zurückzuführen ist.

Gänseblümchen

Das Gänseblümchen (nicht abgebildet) ist etwa 5–6 cm hoch und bevorzugt feuchtes, sonniges Gelände. Diese häufige, widerstandsfähige Pflanze kann Temperaturen bis zu -15°C vertragen.

Maiglöckchen

Die Maiglöckchen mit ihren kleinen, weißen, glockenförmigen Blüten haben einen besonders starken Duft. Ein Sträußchen dieser Blumen, das ihr im Wald pflücken könnt, macht jedem Freude. Aber Achtung: Dieses zarte Blümchen enthält eine giftige Substanz. Wascht euch also nach dem Pflücken die Hände.

Margerite

Diese weithin bekannte Blume, die bis zu 50 cm hoch werden kann, gehört zur großen Gattung der Chrysanthemen. Schaut sie euch einmal genauer an: Was wir als eine Blume bezeichnen, besteht in Wirklichkeit aus Dutzenden davon!

Gelbkraut

Diese 50–100 cm hohe Pflanze mit den gelben, traubenförmig angeordneten, stark duftenden Blüten ist sehr bescheiden und lebt auf steinigem Boden. Da sie dennoch sehr viel Nahrung braucht, hat sie den armen Boden bald ausgelaugt.

Sumpfdotterblume

Diese Pflanze (nicht abgebildet) wird 15–30 cm hoch und kann in sumpfigem Gelände aufrecht stehen oder auch am Boden entlang kriechen. Ihre leuchtendgelben Blüten ähneln denen des Hahnenfuß, von dem sie jedoch durch die hohlen Stengel und die breiten, glänzenden Blätter leicht zu unterscheiden ist.

Blutroter Storchschnabel

Die Pflanze ist etwa 30 cm hoch, hat ausgezackte Blätter und blaue oder karminrote Blüten. Sie ist die eigentliche *Geranie*. Die Pflanze, die wir gewöhnlich auf den Balkons sehen, sind die *Pelargonien*.

Johanniskraut

Diese Pflanze wächst auf Wiesen und Weiden und ist 40–50 cm hoch. Die Blüten und die Blätter des Johanniskrauts sind oval. Betrachtet man die Blätter gegen das Licht, so hat man den Eindruck, sie seien mit Nadeln durchlöchert. Die Blume ist gelb, wird jedoch rot, wenn man sie zerdrückt.

Leimkraut *(Silene)*

Die Pflanze ist etwa 30–40 cm groß. Den Namen *Silene* verdankt sie ihrer weißen Blüte, die so dick ist wie der Bauch des Silenos (der trunkene, dikke, glatzköpfige Begleiter des Bacchus). Die Blütenblätter sind rosa gefärbt.

Kornblume

Die Pflanze erreicht oft mehr als 50 cm Höhe und wächst im allgemeinen in Kornfeldern. Aufgrund der einfachen geometrischen Form ihrer Blüte ist sie höchstwahrscheinlich die meistgezeichnete Blume. Früher gewann man aus der Kornblume ein Augenheilmittel.

Juli

Baldrian

Die Baldrianpflanze kann eine Höhe bis zu 1m erreichen und ist mit zahlreichen weißen oder rosa Blüten überdeckt. Sie wächst überall in den feuchten Gegenden der Wälder und zieht mit ihrem unwiderstehlichen Geruch unsere Freunde, die Katzen, an. Aus den Blättern des Baldrian wird ein Beruhigungsmedikament hergestellt. Seid ihr etwas nervös oder angespannt, so trinkt am besten einmal täglich eine Tasse Baldriantee.

Majoran *(Origano)*

Der Origano ist eine Gewürzpflanze mit ovalen Blättern und rosa Blüten. Er wächst vor allem in wärmeren Gegenden und kann bis zu 90 cm Höhe erreichen. Früher wurde aus den Blättern oft ein Trunk gegen Magenschmerzen hergestellt; heute werden sie vor allem auf der Pizza verwendet.

Wegwarte *(Kaffeezichorie)*

Die Pflanze kann bis zu 1 m hoch werden, sie blüht bis September und wächst vor allem auf Brachland. Die Blätter und die Wurzeln der Pflanze sind eßbar. Die Wurzeln ergeben einen Kaffee-Ersatz, wenn sie gebrannt werden. Die hellblauen Blüten der Pflanze öffnen sich sehr früh am Morgen, schließen sich aber bereits um die Mittagszeit wieder.

Juli

Natternkopf

Bei guten Bodenbedingungen und viel Wärme kann der Natternkopf bis zu 1m hoch werden. Die Stiele sind mit zahlreichen Blüten versehen, deren Staubblätter wie Schlangenzungen hervortreten!

Seifenkraut

Die Pflanze (nicht abgebildet) erreicht eine Höhe von 1 m und ist häufig entlang alter, feuchter Mauerwerke und an Grabenrändern anzutreffen. Der Name wurde deshalb gewählt, weil aus den Wurzeln eine Substanz gewonnen wird, aus der dann Seifen hergestellt werden. Die Blüten sind blaßrosa bis weiß.

Kamille

Die Pflanze wächst überall wild auf Brachland. Die kleinen, etwa 50 cm hohen Büsche sind über und über mit kleinen, den Margeriten ähnlichen Blüten bedeckt. Die Pflanze hat den gleichen Geruch wie der Kamillentee.

Salbei

Die Pflanze mit ihren haarigen Blättern und lila Blüten wird als Gewürz oder als Tee verwendet. Sie bevorzugt warme Gegenden und leidet nicht unter Trockenheit, denn ihre Wurzeln können zur Wasseraufnahme mehr als 1m tief hinabreichen. Besucht eine Biene die Blüte, so biegen sich die Staubblätter bis auf den Rükken des Insektes, damit die Biene auch genügend Blütenstaub mitnimmt.

August

Erika

Die Erika ist eine 10–50 cm hohe Pflanze und ist besonders in trockenen, kalkhaltigen und sandigen Gebieten verbreitet, wo sie manchmal große Flächen wie einen Teppich bedeckt. Sie hat nadelförmige Blätter und kleine, rosa Blüten, deren Nektar die Bienen besonders gern mögen ... und der Honig von Erikablüten schmeckt ausgezeichnet!

Minze

Alle Arten der Minze (nicht abgebildet), sei es nun die Pfefferminze, die Bachminze oder die Roßminze, haben (auch in getrocknetem Zustand) den gleichen, unverkennbaren Geruch. Die Blüten sind meist blaßlilafarben. Aus der Pfefferminze werden herrliche Getränke, feine Säfte und auch Liköre hergestellt. Auch als Gewürzkraut ist sie beliebt.

Glockenblume

Die Pflanze wächst auf den Bergwiesen und wird 15–70 cm hoch. Sie hat spitze Blätter; ihren Namen verdankt sie der Form der herabhängenden blau-lila Blüten.

Krätzkraut *(Knopfkraut)*

Die Pflanze erreicht den höchsten Stand ihrer Entwicklung im August, aber eigentlich blüht sie vom Frühjahr bis zum späten Herbst. Sie erreicht eine Höhe von etwa 70 cm und wächst auf trockenen Wiesen und entlang der Wege, wo sie die Spaziergänger und Wanderer mit ihren Blüten erfreut, die aus Dutzenden kleiner, hell-lila Blüten zusammengesetzt sind.

Gewöhnliches Greiskraut
(Senecio vulgaris)

Die Pflanze erreicht eine Höhe bis zu 50 cm und ist mit vielen kleinen, gelben, margeritenähnlichen Blüten bedeckt. Der Name leitet sich aus der lateinischen Bezeichnung ab: »Senex«, was soviel wie »greisenhaft« bedeutet. (Nachdem die Blüten verwelkt sind, bedekken sie sich mit kleinen, weißen Samen, die den Haaren alter Menschen ähneln.) Die Pflanze ist unempfindlich und wächst auf jedem Boden.

Waldrebe

Die Waldrebe (nicht abgebildet) ist eine Kletterpflanze und kann auch eine beachtliche Höhe erreichen. Ihre dicht angelegten, weißen Blüten werden im September zu kleinen, mit silbernen Haaren bedeckten Früchten. Aus diesem Grund heißt die Waldrebe bei den Engländern auch einfach »Bart der Alten«.

Nachtkerze

Diese bis zu einem Meter hohe Pflanze führt ein ausgesprochenes Nachtleben, denn ihre besonders stark duftenden Blüten öffnen sich erst nach Sonnenuntergang. Die Blüten der Pflanze sind hellgelb, rot oder bläulich. In Europa wächst sie vor allem auf sandigem Brachland. Im Altertum wurde aus der Pflanze ein aufmunterndes Getränk hergestellt (für die, die zuviel Wein getrunken hatten).

Blumenpuzzle

Hier ist eine Idee für ein lustiges und lehrreiches Spiel. Besorgt euch einen alten Blumenzuchtkatalog oder irgend etwas ähnliches. Wichtig ist, daß ihr 30 Blumenbilder in verschiedenen Größen habt. Diese klebt ihr jeweils einzeln auf leichte Pappe. Auf die Rückseite einer jeden Pappe schreibt in großen Druckbuchstaben den Namen der entsprechenden Blume.

Mit einem Bleistift zeichnet ihr nun auf den Bildseiten lauter gleich große Quadrate mit einer Seitenlänge von 2 cm ein. Schreibt auf jedes Quadrat auf die Vorderseite (= Bildseite) die Anzahl der Quadrate, aus der die betreffende Blume besteht. Zum Beispiel: Wird das Bild der Rose in acht Quadrate unterteilt, müßt ihr auf jedes Quadrat irgendwo versteckt die Zahl 8 schreiben. Schneidet die Quadrate sorgfältig aus, denn sie sind die Hauptsache bei dem Spiel, an dem zwei, drei, vier oder mehr Teilnehmer mitmachen können.

Es kann passieren, daß sich einige Bilder nicht genau in Quadrate mit einer Seitenlänge von 2 cm teilen lassen. Verliert nicht den Mut! Was zuviel ist, das schneidet ihr einfach an der Seite ab.

Spielregeln

- Steckt alle Quadrate in ein Säckchen und schüttelt es kräftig. Dann darf jeder Spieler hineingreifen und sich eine bestimmte (gleiche!) Anzahl der Quadratkärtchen heraussuchen. Die Anzahl habt ihr vorher fest ausgemacht, sie kann immer höher werden je weniger Mitspieler es sind.
- Jeder Spieler muß nun versuchen, ein oder zwei Blumen aus seinen Quadraten zusammenzusetzen. Für jede zusammengesetzte Blume muß der Spieler den Namen nennen. Stimmt der Name, so gewinnt der Spieler 10 Punkte, ist er falsch, so bleiben nur 5 Punkte. Zusätzlich erhält er die Anzahl Punkte, die der Anzahl von Quadraten entspricht, aus denen sich das Bild zusammensetzt.
- Die Kärtchen, die nicht zu einer Blume zusammengesetzt werden konnten, legen die Spieler wieder in das Säckchen, schütteln, greifen sich neue heraus. So geht es immer weiter.
- Das Spiel ist dann beendet, wenn alle Blumen vollständig zusammengesetzt sind. Wir gratulieren dem Sieger mit der höchsten Punktzahl!

Ein beachtliches Alter

Unter den Menschen gibt es sehr selten 100jährige; das ist ganz anders in der Familie der Bäume. Mit 100 Jahren sind diese grünen Gestalten gerade keine Kinder mehr. Bäume, die nicht nur über hundert, sondern über tausend Jahre alt sind, stellen in der Natur keine Seltenheit dar.

Hier eine Tabelle, in der ihr Beispiele für langlebige Bäume findet . . .; da uns leider beweiskräftige Ausweispapiere fehlen, sind die Angaben nur annähernd.

Baum	*Standort*	*Alter*
Eiche	Fontainebleau (Frankreich)	600 Jahre
Eiche	Sauville (Frankreich)	700 Jahre
Linde	Fribourg (Schweiz)	700 Jahre
Eiche	Allouville (Frankreich)	1000 Jahre
Tanne	Saint-Dizier (Frankreich)	1000 Jahre
Eibe	Foullebec (Frankreich)	1200 Jahre
Platane	Insel Cos (Griechenland)	2000 Jahre
Eibe	Fortingall (Schottland)	3000 Jahre
Baobab *(Affenbrotbaum)*	Insel vom Grünen Cap (Afrika)	5000 Jahre
Sequoia *(Mammutbaum)*	Kalifornien (U.S.A.)	6000 Jahre

Ein ehrlicher Diebstahl

Hier soll die Geschichte der Gewürznelke erzählt werden, und wie sie auf ehrenhafte Weise von den Molukkeninseln geraubt wurde.
Die kostbaren Gewürznelken sind nichts anderes als die getrockneten Blütenknospen des Gewürznelkenbaumes. Dieser kleine Baum wächst in den tropischen Gebieten und war Hauptperson eines »Krimis«, der hier berichtet werden soll.
Die Holländer besaßen das Monopol des Gewürznelkenanbaus auf den Molukkeninseln, die damals von ihnen besetzt waren. Sie verdienten viel Geld damit und der Gewürznelkenbaum wurde aufmerksam bewacht, damit er nicht geraubt und anderswo angepflanzt werden konnte.
Dies geschah aber dennoch im Jahre 1770 durch einen gewissen Pierre Poivre. Dieser Franzose war das Interesse an Gewürzen schon seinem Namen schuldig. »Poivre« ist französisch und heißt »Pfeffer«.
Das besondere an diesem Fall war jedoch, daß der Diebstahl auf die ehrlichste Weise geschah. Pierre Poivre kam nicht einmal in die Nähe der bewachten Gewürznelkenbäume. Er beschränkte sich darauf, die Inseln in der Umgebung der holländischen Besitztümer zu besuchen, auf denen zahlreiche Vögel nisteten. Diese Vögel suchten sich ihre Nahrung auch auf den »verbotenen« Plantagen und schmuggelten unter vielen anderen Samen auch die Samen der Gewürznelkenbäume heraus. Die schlauen Männer des Herrn Poivre brauchten sie nur aus den Ausscheidungen der Vögel herauszusammeln und zum Keimen zu bringen!

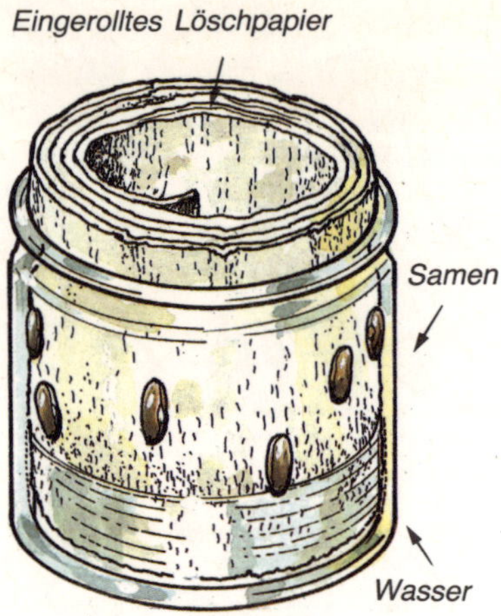

Was geht dort unter der Erde vor?

Da ihr ja Pfadfinder und keine Maulwürfe seid, könnt ihr nie unter der Erde beobachten, wie dort ein Same aufgeht. Es gibt aber eine Möglichkeit, dies zu sehen!

Nehmt ein leeres Marmeladenglas, rollt ein Löschblatt 2-3mal zusammen und stellt es hinein, so daß es einige Zentimeter über den Rand heraussteht. (Natürlich könnt ihr auch 2 oder 3 Löschblätter nur 1mal rollen und ineinander stellen!)

Gießt soviel Wasser ins Glas, bis der Boden 2-3cm hoch bedeckt ist. Steckt nun – in etwa 4cm Höhe vom Boden aus – einige Erbsen, Bohnen oder auch Linsen zwischen die Wand des Glases und das Löschblatt. Bereits nach 1–2 Tagen wird euer Gast die ersten Wurzeln geschlagen haben. Später kommen dann die Blätter an die Reihe, und ihr könnt die schnelle Entwicklung des Pflänzchens wie vor einem grünen ... Fernseher beobachten – nur, das Programm geht nicht umzustellen.

Da das Wasser verdunstet, schüttet immer wieder soviel nach, daß es auf der gleichen Höhe steht. Sobald das Pflänzchen eine Höhe von 10 cm erreicht hat, müßt ihr es in einen Blumentopf mit Erde umpflanzen. Gelingt es euch dann auch noch, Bohnen, Linsen oder Erbsen zu ernten, dann habt ihr nicht nur für das Auge sondern auch für den Magen gearbeitet!

Wozu man Bohnen verwenden kann

Bereits vor über 2 000 Jahren waren getrocknete Bohnen in Griechenland sehr beliebt. Sie wurden aber nicht nur gegessen, sondern sogar bei den Wahlen verwendet. Tatsächlich ist sich kaum etwas so ähnlich wie jeweils weiße, schwarze oder rote Bohnen untereinander! Bei den Wahlen wurden die Bürger also aufgefordert, ihre Meinung zu äußern. Sie traten nacheinander vor die Urne und ließen ein Exemplar der Bohnenart hineinfallen, die »ja«, »nein« oder »Stimmenthaltung« bedeutete.

Am Schluß mußten die Wahlhelfer die Bohnen auszählen; vielleicht konnten sie sich anschließend eine feine Suppe mit den Stimmzetteln zubereiten. Die Töpfe ersetzten dann die Archive!

Künstler mit Kräutern und Samen

Mit Pinsel und Farbe malen, das ist ... ganz gewöhnlich. Das haben bereits alle großen Künstler getan. Ihr müßt doch zugeben, daß es viel origineller ist, ein Bild zu säen!

Material

• Besorgt euch alles, was ihr an Samen bekommen könnt. Achtet darauf, möglichst viele unterschiedliche Größen, Farben und Formen zusammenzustellen, damit euer Mosaik abwechslungsreich wird. Die größeren Samen (wie etwa die Mandeln) können zerkleinert werden, wodurch neue Formen entstehen.

• Ordnet die Samen nach Sorten in kleine Schachteln und paßt auf, daß sie nicht durcheinandergebracht werden. Dadurch wird die Arbeit sehr erleichtert!

Arbeitsanleitung

- Die Arbeit kann gleich beginnen. Wenn ihr wollt, so fangt gleich mit einer Kopie des Kölner Doms an, aber wahrscheinlich eignet sich für den Anfang eine kleinere Arbeit besser. Verschiebt eventuelle Meisterwerke auf später.
- Zeichnet das gewählte Motiv mit einem weichen Bleistift auf eine Pappe. Wenn die Zeichnung fertig ist, so prägt sie euch gut ins Gedächtnis ein und radiert dann die Striche soweit wieder aus, daß auf der Pappe nur noch ganz leichte Spuren zurückbleiben.
- Je nach Form und Farben der Samen bestimmt ihr nun, welche Fläche sie auf dem Bild auszufüllen haben. Natürlich sind auch Mischungen erlaubt, Fantasie ist alles.

- Gießt etwas Leim auf ein Tellerchen und taucht jeden einzelnen Samen mit dem Finger (und die ganz kleinen mit einer Pinzette) dort hinein.
- Klebt die Samen so nahe wie möglich aneinander, damit die Pappe vollständig bedeckt wird.
- Seid ihr mit der Arbeit fertig, laßt das Bild erst einmal liegen und den Leim trocknen, bevor ihr es dorthin hängt, wo es euch Freude macht.

Tanken die Autofahrer von morgen »Rohrzucker-Super« oder »Zuckerrüben-Normal«?

Auf jeden Fall werden sich wegen der steigenden Benzinpreise früher oder später all die Länder um alternative Brennstoffherstellung bemühen, die keine Ölquellen haben.

In Brasilien fährt bereits jedes dritte Auto mit *Alkohol,* der aus Zuckerrohr gewonnen wird.

In Europa werden diesbezüglich noch viele Versuche durchgeführt. Eine der Mischungen, die gelungen zu sein scheint, besteht aus *Benzin* und *Alkohol* aus Zuckerrüben. Dabei würde eine beachtliche Menge an Öl gespart.

Auch Kühe und Schweine sollen dem Menschen helfen. Aus dem Mist der Schweineställe wird das *Methan* gewonnen, ein flüssiges Gas, das sich zur Fortbewegung der Autos eignet, vorausgesetzt, sie haben den geeigneten Vergaser.

Auch aus den Knollen der *Topinambur,* einer Sonnenblume, auch »Roßkartoffeln« genannt, wird ein Alkohol ge-

wonnen, der zum Antrieb von Autos verwendet werden kann. Die Knollen sind reich an Stärke und werden als Tierfutter verwendet.
Vielleicht können wir uns schon in 20 Jahren nur noch ganz entfernt an das Erdöl erinnern. Das käme der nationalen Wirtschaft und der Luft in unseren Städten zugute, denn diese pflanzlichen Brennstoffe sind absolut sauber und verschmutzen die Luft nicht.

Man soll nichts übertreiben!

Und das würdet ihr wirklich tun, wenn ihr euch jedesmal wie ein ehrwürdiger Chinese kleiden würdet, um eine Mandarine zu essen. Die Frucht verdankt ihren Namen dem Land der Madarine, das waren chinesische Staatsbeamte während der Kaiserzeit. Aber sie wächst bereits seit über 200 Jahren bei uns in Europa. Ihr könnt auch bei euch zu Hause einen Mandarinenbaum haben. Ihr braucht nur einige Kerne aufzuheben, sie zwei Wochen lang trocknen zu lassen und dann in einen Blumentopf mit feuchter Erde zu pflanzen. Es wächst eine herrliche Pflanze, aber wir können nicht garantieren, daß sie Früchte trägt!

Wohl bekomm's!

Es ist wohl der Traum eines jeden Vogels, an der gleichen Pflanze fressen und trinken zu können. Dieser Traum findet bei der Weberdistel seine Verwirklichung. Die Weberdistel wird etwa einen Meter hoch und sammelt mit ihren stacheligen Blüten die Tropfen des Regenwassers oder des Taus auf. Die Vögel können also ihren Durst stillen, nachdem sie sich an den wohlschmekkenden Samen sattgefressen haben. An besonders günstigen Tagen kann es sein, daß auch kleine, unvorsichtige Fliegen und Spinnen im Menü enthalten sind.

Dieses Paradies der Vögel wurde früher auch zu anderen Zwecken verwendet. Man kämmte mit dem dornenbesetzten Teil der Pflanze die Wolle, die so zum Spinnen vorbereitet wurde. Nachdem dieser Vorgang jetzt maschinell ausgeführt wird, könnten die stacheligen Distelzweige heute vielleicht für die Pflege der »Mähnen« einiger Pfadfinder eingesetzt werden.

Die grüne Uhr

Habt ihr nie daran gedacht, euch anstatt der Armbanduhr eine Uhrenpflanze um den Arm zu binden?
Diese Uhrenpflanze wächst in Bengalen und ist etwa 1m hoch. Je nach Licht, Temperatur und Feuchtigkeit bewegen sich ihre Blätter mit fast chronometrischer Genauigkeit. Während sich einige öffnen, schließen sich die anderen.
Dieses »Ticken« verläuft ganz regelmäßig; bei einer Temperatur zwischen 25 und 30 Grad haben sich alle Blätter innerhalb einer Minute einmal bewegt. Steigen Temperatur und Trockenheit der Luft an, so geht die Uhr langsamer und eine Umdrehung des »Zeigers« dauert fünf Minuten.
Es geht aber noch weiter! Während sich die einzelnen Blättchen bewegen, dreht sich auch die gesamte Pflanze innerhalb eines Tages genau einmal um sich selbst.

Was bin ich?

Eure Mutter kann aus mir ein leckeres Gericht zubereiten – nur, wenn sie die Mitglieder meiner großen Familie nicht genau kennt, so wird die Sache lebensgefährlich! Eine Krankheit mit meinem Namen kann euch unangenehm jucken – besonders an den Füßen! Werden eure Strümpfe gestopft, kann ich mich allerdings auch sehr nützlich machen. Könnt ihr erraten, was ich bin?
Die Lösung steht Seite 153.

Bitte ablegen!

Der Ableger ist nicht etwa eine Art Garderobe oder irgendein Bürogerät, das zur Ablage dient, nein, es ist ganz einfach ein Teil einer Pflanze, aus dem ein neuer Teil entstehen kann. Es gibt verschiedene Arten, wie man Ableger gewinnen kann. Für den Philodendron, den Drachenbaum, den Gummibaum und viele andere Pflanzen eignet sich folgende Methode:
Sucht euch einen Zweig mit Blättern aus. Nun löst ihr – 20–30 cm von der Spitze entfernt – eine dünne Schicht Rinde ab. Sie darf nicht dicker als 1 mm und nur 2–3 cm hoch sein. Unter diesen Einschnitt wickelt ihr eine durchsichtige Plastikfolie, die ihr am Stengel mit einem Gummi befestigt. Dieses so entstandene Tütchen füllt ihr nun mit einem feuchten Gemisch aus Erde und Torf an. Schließt das Tütchen dann auch oberhalb des Einschnittes mit einem Gummi.
Nach 10–15 Tagen werdet ihr durch die Plastikfolie hindurch Wurzeln erkennen können. Habt nun weitere 2 Wochen Geduld und schneidet dann den Stiel unterhalb des Säckchens ab. Nun ist es soweit. Ihr habt eine neue Pflanze, die ihr nur noch in einen Blumentopf umpflanzen müßt (vergeßt aber nicht, das Plastiksäckchen mit Erde zu entfernen!).
Ihr könnt es auch so machen:

Kauft euch auf dem Markt eine Erdbeerpflanze, gebt sie in einen Blumentopf und gießt sie. Wenn ihr ungefähr 14 Tage später sicher seid, daß sie sich eingewöhnt hat, dann nehmt einen Zweig und pflanzt ihn – ohne ihn von der Mutterpflanze zu lösen – in einen anderen Blumentopf. Zuvor schneidet ihr ihn ganz leicht ein. Damit er auch unter der Erde bleibt, befestigt ihr ihn – etwa 1–2 cm unter der Erde – mit einem Bogen aus Eisendraht oder mit einer kleinen Astgabel. Nach 3–4 Wochen hat der Zweig an der Stelle, wo ihr den Einschnitt angebracht habt, neue Wurzeln geschlagen. Um sicher zu sein, genügt es, ein wenig Erde zur Seite zu schieben und nachzuschauen.

Ist der Vorgang gelungen, so braucht ihr nur noch die »Nabelschnur« zwischen der Mutterpflanze und dem Ableger durchzuschneiden.

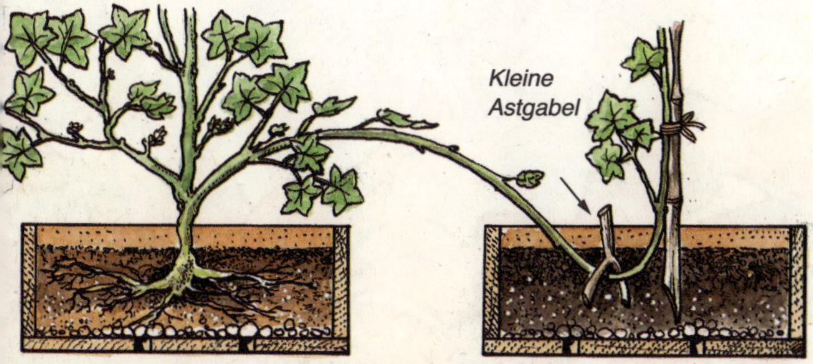

Die größte Familie der Welt

In Indien braucht man die Mitglieder dieser Familie, um die Tempel zu schmücken. Auf Borneo werden daraus Kränze gebunden oder sie werden unter den Reis gemischt, bevor man ihn aussät, um so eine reichhaltige Ernte zu garantieren. In Mexiko erscheinen sie bei allen großen Gelegenheiten: Kindstaufen, Hochzeiten, aber auch Beerdigungen.
In aller Welt wird ihre Schönheit verehrt, die mit etwas Mysteriösem umgeben ist: Lange war es niemandem gelungen, das Geheimnis der Fortpflanzung dieser herrlichen Blumen zu lüften.
Auf Dutzenden von Briefmarken sind die über 20 000 Arten dieser riesigen Familie abgebildet. Sie sind über die ganze Welt verteilt, von den tropischen Urwäldern bis hin zu den Wäldern bei uns. Sie wachsen fest am Boden, aber sie hängen auch von den Bäumen herunter – ohne Erde und ohne Wasser – und es scheint, als lebten sie von der Luft.

Für einige dieser Blumen haben Forscher sogar ihr Leben aufs Spiel gesetzt. Sie haben unbestiegene Berge erklommen, unerforschte Wälder durchstreift; sie riskierten, in die Hände grausamer Kopfjäger zu fallen, sich schwere Krankheiten (wie das Gelbe Fieber) zuzuziehen oder aber von einer giftigen Schlange gebissen zu werden.
Und wofür das alles? Für die exotischen Blüten, die die eleganten Damen früher an ihren Kleidern oder in ihren Haaren trugen. Ende des 19. Jahrhunderts wurden schwindelerregende Preise dafür gezahlt. Auch heute, da man das Geheimnis ihrer Fortpflanzung endlich kennt und nicht mehr das Leben aufs Spiel setzen muß, um einige von diesen Blumen zu finden, haben sie ihren Reiz nicht verloren (und teuer sind sie immer noch!).
Was mögen das wohl für Blumen sein, deren Formen und Farben an Schmetterlinge und farbenprächtig schillernde Vögel erinnern? Aber sicher, ihr habt es erraten, es sind die herrlichen Orchideen!

Die ersten Früchte im Jahr

Ihr dürft nie sagen: »Ich habe eine frühreife Aprikose gegessen.« Denn »Aprikose« bedeutet bereits soviel wie »frühreif«. Der Name leitet sich von der lateinischen Bezeichnung »Praecox« (= frühreif) ab. Die Römer gaben der Frucht diesen Namen, weil der Baum bereits im Frühjahr Früchte trug. Ursprünglich stammt die Aprikose aus Vorderasien; im Jahre 1510 gelangte sie über die Alpen, als der französische König Franz I. nach Italien zog, um dort einen der üblichen Kriege zu führen, und auf dem Rückweg diese leckere Frucht mitbrachte.

Der Zuckerbaum

Wenn ihr irgendwo ein kleines Loch in die Rinde eines Baumes macht, dann kommen keine Zuckerwürfel (oder etwas ähnliches) heraus. Nein, dieses Vergnügen haben nur die Pfadfinder in Kanada. Dort gibt es eine Ahornart, aus deren Rinde eine Zuckerflüssigkeit quillt. Fällt sie auf den Schnee, so wird sie sofort fest. Dieser Ahornsirup schmeckt ausgezeichnet auf den »pancakes«, den herrlichen Pfannkuchen, die die Großmutter von Tick, Trick und Track, den Freunden aller Pfadfinder, zubereitet.

Aber das Ahornblatt ist sicherlich nicht nur wegen des beliebten Sirups auf der Fahne Kanadas abgebildet. Es ist das Symbol für die unendlich großen Ahornwälder, die sich über eine Fläche erstrecken, die um ein Vielfaches größer ist als Deutschland!

Es lebe die Brunnenkresse!

Habt ihr Haarausfall? Dann müßt ihr bei der Kopfwäsche ab sofort ein Brunnenkresse-Schampun verwenden. Ist euer Gesicht voller Sommersprossen und ihr wollt sie loswerden? Versucht es mit Packungen aus Brunnenkressensaft: Man sagt, daß die Sommersprossen davon weggehen sollen.
Habt ihr Probleme mit der Atmung? Trinkt ein Glas Brunnenkressensaft! Eßt ihr gern gut gewürzten Salat? Dann nehmt Brunnenkresse dazu. Diese kleine Pflanze mit weißen Blüten und ovalen Blättern wächst entlang der Bäche und Wasserläufe. Wascht sie sorgfältig und macht den Salat mit Salz, Öl, Essig und Pfeffer an. Es schmeckt gut und hat eine Menge Vitamine.

Etwas Besonderes für kleine Genies

Der berühmte griechische Philosoph Plato behauptete, daß Feigen die Intelligenz fördern, wie auch die Fähigkeit zur geistigen Arbeit überhaupt. Gut sind sie auch in den Ferien, denn getrocknete Feigen sind ein praktischer, haltbarer und energiespendender Proviant auf Wanderungen und Radtouren.
Der Feigenbaum ist zu groß, um in der Wohnung gezüchtet zu werden. Es gibt aber einen entfernten Verwandten, den Gummibaum *(Ficus Elastica)*, der sich sehr gut als Zimmerpflanze eignet. Er hat nur einen Nachteil: Ihr werdet nie frische Feigen von ihm ernten und trocknen können!

Namen und ihre Bedeutung

Sicherlich wißt ihr, was Knoblauch, Lilien, Margeriten sind, aber wißt ihr auch, was ihre wissenschaftlichen Namen bedeuten? Hier einige Beispiele, mit denen ihr eure Freunde erstaunen könnt!

Deutsche Bezeichnung	*Lateinischer Name*
Anemone	*Anemone*
China-Aster oder Sommeraster	*Callistephus*
Chrysantheme	*Chrysanthemum*
Distel	*Cardus*
Gladiole	*Gladiolus*
Hahnenfuß	*Ranuncullus*
Hauswurz	*Helichrysum*
Iris	*Iris*
Knoblauch	*Allium*
Lilie	*Lilium*
Maiglöckchen	*Convallaria*
Margerite	*Bellis*
Primel	*Primula*
Seerose	*Nymphea*
Spargel	*Asparagus*

Bedeutung des lateinischen Namens
Fliegende Samen
Schönheitskrone
Goldblume
Stachelig
Kleines Schwert
Kleiner Frosch
Goldene Sonne
Regenbogen
Warm und kochend
Weiß
Lilie der Täler
Anmutiges Blümchen
Die Erste
Wassergöttin
Mit Spitzen versehen

Der Überraschungsgarten

Stellt euch vor, ihr geht in einem Garten spazieren. Alles ist ruhig, ringsherum seht ihr wunderschöne Blumen. Plötzlich trifft euch ein Wasserstrahl der aus einem Baum herauskommt, mitten ins Gesicht. Ihr habt ja ein gutes Reaktionsvermögen, springt zurück und flüchtet euch in eine Grotte. Oh je! In der Decke öffnet sich ein Spalt und ihr werdet mit Mehl überschüttet, das sich mit dem Wasser vermischt. In einen Kuchen verwandelt, lauft ihr weg. Aber in einer Rosenlaube bekommt ihr plötzlich mitten auf den Kopf einen Eimer voll Asche!
Nein, das alles ist nicht erlogen und ihr befindet euch nicht in einer Jahrmarktsbude. Ihr seid wirklich in einem Garten, und zwar in einem Vergnügungsgarten, wie er im Mittelalter unter denen, die es sich leisten konnten, sehr beliebt war.
Es lief alles wie im Theater ab und die einzelnen Tricks wurden über sehr komplizierte Mechanismen gesteuert.

Auf einem Zweig öffnete zum Beispiel ein prachtvoller Vogel den Schnabel. Aber er sang nicht sondern sprach: »Beeilen Sie sich, meine Herrschaften, das Essen ist serviert; nehmen Sie den Weg über diese kleine Brücke!«

Waren dann alle auf besagter Brücke, öffnete sich natürlich in der Mitte eine Falltür, so daß alle ins Wasser fielen.

»Dort rechts ist eine Hütte, in der Sie sich abtrocknen können!«, bekam man dann von einer anderen mechanischen Stimme geraten.

Abtrocknen konnte man sich dort wohl, aber wie! Sobald die Ärmsten (die sich jedoch ganz ungeheuer vergnügten) hineinkamen, bedeckte sie ein Federregen.

Es gab sehr viele von diesen Vergnügungsgärten in Italien (berühmt ist der von Tivoli), in Spanien und in Frankreich; dort ist der Garten von Hesdin sogar mit einem Zoo ausgestattet. Er wurde von unzähligen Menschen besucht, die recht glücklich darüber waren, auf Schritt und Tritt auf den Arm genommen zu werden.

Kleine Geschichten

Die Chrysantheme

Die *Goldene Blume,* die Chrysantheme, ist das Symbol für die Verehrung der Verstorbenen. Ihre außergewöhnliche Schönheit rechtfertigt diese Wahl. Das hindert uns aber nicht daran, uns auch in der Wohnung an ihr zu freuen. Die Blume wurde gegen Ende des 19. Jahrhunderts in Europa eingeführt. Sie stammt aus Japan, wo ein besonderer Kult mit dieser Blume getrieben wird. Der Chrysanthemum-Orden ist dort die höchste Ehrung, die einem Menschen zuteil werden kann.

Neben der besagten orientalischen Chrysantheme gibt es die wilde Chrysantheme. Das ist ganz einfach die große Margerite, die auf den Wiesen wächst. Viele Verliebte betrachten sie als Orakel, ziehen die Blütenblätter einzeln heraus und fragen dann: »Er liebt mich – er liebt mich nicht ...« Das geht so lange, bis die arme Blüte kein einziges Blatt mehr besitzt!

Die Lilie

Seit Jahrhunderten erscheint die Lilie im Wappen der Könige von Frankreich. Sie existiert schon seit der Zeit der Dinosaurier vor 100 Millionen Jahren. Es gibt über 8 000 Arten dieser Blume auf der Welt.

Eine antike Legende erzählt, daß Juno, die Frau des Jupiter, beim Stillen eines ihrer Kinder einige Milchtropfen auf die Erde fallen ließ; dort traten sofort schneeweiße Lilien hervor.

Seit jeher ist die Blume das Symbol für die Reinheit, vor allem in der christlichen Religion. So ist die Lilie (S. 99 oben) die Blume des heiligen Antonius von Padua, einem der meistverehrten Heiligen der Welt.

Die Olive

Die Olive verdankt ihren Ruhm (abgesehen von ihrer

Schmackhaftigkeit) der Sintflut. Als Noah auf seiner Arche nach unendlichen Regentagen endlich die Sonne aufgehen sah, schickte er eine Taube auf Ausschau. Nach einiger Zeit kehrte diese mit einem Olivenzweig im Schnabel zurück. Das war das unverkennbare Zeichen, daß Leben auf die Erde zurückgekehrt war und Menschen und Tiere endlich die Arche verlassen konnten. Seitdem bedeutet der Olivenzweig ein Symbol für den Frieden.
Vielleicht war damals der Ölbaum auch eine gerade und schlank in die Höhe wachsende Pflanze wie viele andere. Laut einer christlichen Legende sollen die charakteristischen Verkrümmungen des Baumes nämlich erst später aufgetreten sein und eine bestimmte Ursache haben. In der Legende heißt es, daß man das Holz für das Kreuz Jesu Christi aus einem Ölbaum herstellen wollte. Die Ölbäume waren damit jedoch absolut nicht einverstanden; sie zogen es vor, ihre Schönheit zu opfern. Sie beteten zu Gott, er möge ihnen einen Engel schicken, der ihren Stamm und ihre Zweige verkrümmen sollte, denn dann würden die Schreiner große Schwierigkeiten haben, dieses furchtbare Marterinstrument aus ihrem Holz herzustellen. Gott erhörte ihr Gebet und schickte den Engel.

Was für ein wunderschöner Blumenstrauß!

Es ist nicht schwer, einen schönen Blumenstrauß zusammenzustellen, wenn man bestimmte Regeln befolgt.

Zu den Farben

Wählt in erster Linie Blumen aus der gleichen Farbskala: also Gelb, Orange und Gold; Hellblau, Dunkelblau und Hellila.
Bei kleinen Blumen kann man auch völlig gegensätzliche Farben verwenden.
Man wählt in jedem Strauß zuerst eine Hauptfarbe (Gelb, Rosa ...), die Kontrastfarben sollten nur durch vereinzelte Blumen auftreten. Da Weiß ja

eigentlich keine Farbe ist, paßt sie in alle Blumensträuße.

Zur Form

Soll der Blumenstrauß in eine bestimmte Vase passen, dann stellt ihn gleich in der richtigen Größe zusammen. Eine geometrische Regel besagt: Höhe der Vase ein Drittel der Gesamthöhe von Vase und Strauß zusammen!
Auch die Breite der Vase ist natürlich von Bedeutung für die Größe des Blumenstraußes.
Legt ihr auf den Boden der Vase Kies, so lassen sich die Blumen leichter anordnen. Euer Blumenstrauß kann zylinderförmig, kugelförmig, aber auch wie eine Pyramide angeordnet sein. Trockene und grüne Zweige passen immer, vor allem zu langstieligen Blumen.

Zur Haltbarkeit

Erneuert das Wasser in der Blumenvase alle 3–4 Tage und schneidet die Blütenstengel unten etwa 1 cm (schräg!) ab. Gießt jeden Tag ein bißchen Wasser nach!
Blumen und Blätter vertragen die trockene Luft der Wohnungen sehr schlecht: Stellt sie so oft wie möglich ins Freie und setzt dem Wasser löslichen Schnittblumendünger zu.

Taxi bitte!

Jede Pflanze hat ihr kleines Postgeheimnis beim Verschikken ihrer Samen. Der Weizen und der Hafer lassen ihre Samen einfach fallen. Die Balsamine schickt ihre Samen mittels einer echten Explosion in die Gegend. Der Löwenzahn hat sich den Wind als Beförderungsmittel ausgesucht und vertraut ihm seine federleichten Samen an. Die Samen der Ulme ähneln einem Segelflugzeug. Die Samen des Ahornbaumes sind mit einem Propeller versehen, der ähnlich wie bei den Hubschraubern funktioniert. Die Samen von Distel und Kornblume sehen aus wie kleine Federbälle, mit denen der Wind sein vergnügtes Spiel treibt.

Eine interessante Verbreitungsart finden wir bei einer Pflanze namens Erigeron Canadensis *(kanadisches Berufkraut)*. Sie war nie über die Grenzen Amerikas hinausgekommen, bis ... bis eines Tages (es war im 17. Jahrhundert) ein Naturforscher diese getrocknete Pflanze zum Ausstopfen eines Vogels verwendete. Diesen ausgestopften Vogel wiederum schickte er einer Freundin in Europa als Geschenk. Bei der Reise wurde dieser Vogel sehr stark mitgenommen, und zwar so sehr, daß er bei seiner Ankunft in Europa auf dem Müll landete. Von hier aus trug der Wind die Samen des Füllmaterials in alle Himmelsrichtungen. Seitdem ist diese Pflanze bis zum heutigen Tag überall in Europa vertreten.

Es hat eben alles zwei Seiten!

Sie brennt und sticht wirklich noch mehr als die Dornen der Rosen: Welche Pflanze ist das? Die Antwort ist einfach: Ja, die Brennessel, deren Haare auf den Blättern eine stark brennende Säure ausschütten. Trotz dieser unangenehmen Eigenschaft ist die Brennessel doch sehr nützlich: Die Enten sind wild danach, die Hühner legen größere Eier, wenn sie davon zu fressen bekommen, und abgearbeitete, müde Pferde kommen zu neuer Kraft, sobald sie eine gute Portion davon in ihren Mägen haben. Auch für die Menschen hat die Brennessel eine wohltuende Wirkung, vor allem wenn sie unter Rheuma, Schwächeanfällen oder Anämie leiden. Da uns jedoch die Natur nicht mit einem so widerstandsfähigen Gaumen wie viele Tiere (Gänse, Hühner und Pferde) versehen hat, sollten wir die Brennnessel nur in Form von Tee genießen!

Wollt ihr eure Freunde damit erstaunen, eine Brennessel furchtlos anzufassen? Dann müßt ihr euch eine Pflanze aussuchen, deren Blüten nicht traubenförmig, sondern einzeln angeordnet sind. Diese Blätter könnt ihr ganz ruhig zwischen den Händen reiben. Alle werden ganz erstaunt sein, weil ihr so ungeheuer mutig vorgeht. Dabei war das, was ihr angefaßt habt, gar keine Brennessel, sondern eine weiße Taubnessel!

Vorsicht, Verletzungsgefahr!

Wären die Kakteen in dicht bevölkerten Gebieten zahlreicher vorhanden, so müßten wohl ähnliche Warnschilder wie an Hochspannungsleitungen aufgestellt werden, beispielsweise: *Vorsicht, Verletzungsgefahr! Bitte nicht berühren!*

Die Kakteen sind sehr eigenartige Pflanzen. Auch die größten, so hoch wie ein dreistöckiges Haus, sind in der Ernährung genügsam wie ein Vögelchen; mit dem Wasser, das sie benötigen, sparen sie so sehr, daß es sogar Onkel Dagobert Ehre bereiten würde. Man muß das aber auch verstehen: Sie erhalten meist nur einmal jährlich Wasser. So ist die Sparsamkeit eine Lebensnotwendigkeit und kein Geiz!

Bei allen Pflanzen wird der größte Teil des Wassers über die Blätter verdunstet; Kakteen haben keine Blätter.
Die Pflanze speichert das Wasser in ihrem Stamm, der sich wie ein Schwamm vollsaugen kann; so legt sie einen Vorrat für viele Monate an.

Damit die vollgesogenen saftigen Kakteen nicht ohne weiteres von den durstigen Tieren der Wüste verzehrt werden, mußten sie sich gegen diese Gefahr schützen.

Gibt es eine bessere Verteidigung gegen Räuber als ein spitzes Schwert? Die Kakteen haben Hunderte davon. Mit ihren harten, dicht gewachsenen Stacheln können sie sich alle Wasserdiebe vom Leib halten.
Wie üblich, so hat auch diese Regel ihre Ausnahme. Die Ausnahme in der Gattung der Kakteen bildet die Peireskia *(Laubkaktus)*, eine Pflanze, die als einzige die Blätter bewahrt hat, die sie bereits vor vielen Millionen Jahren hatte. Sie brauchte ihre Blätter aber auch gar nicht in Stacheln zu verwandeln, da sie das Glück hatte, stets in warmen, feuchten Gebieten zu leben. Dort gab es reichlich Wasser, so daß sie keine Spar- oder Schutzmaßnahmen treffen mußte, um zu überleben.

Langes Leben?

Vor 2 000 Jahren glaubten die Druiden, es genüge, Ebereschenholz zu berühren und dabei Zauberformeln zu sprechen, um ein langes Leben genießen zu können. Noch heute lassen die schottischen Schäfer die Schafe über einen Zweig dieses Baumes springen, um alle Gefahren von der Herde fernzuhalten.
Für die Vögel sind die kleinen, scharlachroten, beerenartigen Früchte des »Vogelbeerbaumes« ein Leckerbissen; ihr Pfadfinder solltet sie aber lieber nicht als solche betrachten, da die Beeren von vielen Ebereschenarten für menschliche Mägen ungenießbar sind.

Was uns die Pflanzen alles schenken

Habt ihr gut gegessen? Seid ihr angezogen, wie es sich gehört? Schmückt ein neues Poster euer Zimmer? Sitzt ihr auf einem bequemen Stuhl? Habt ihr gerade mit einem leckeren Getränk euren Durst gestillt? Habt ihr euren lästigen Husten mit einem Hustensaft bekämpft?

Wir könnten euch unendlich viele Fragen stellen, und jedesmal müßte eure Antwort lauten: »Ja, dank der Pflanzen!«

Tatsächlich ist es so, daß vom Frühstück mit Brot, Honig, Marmelade, Zucker, Kaffee, Tee, Schokolade bis zum Abendbrot mit einer kräftigen Suppe oder für die ganz Hungrigen mit einem Teller Spaghetti mit Tomatensoße unsere gesamte Ernährung ein herrliches Geschenk der Pflanzenwelt darstellt. Auch der leckere Kuchen aus Butter und Eiern (und vielen anderen Zutaten) stammt indirekt von den Pflanzen: Ohne Körner zum Picken hätten die Hühner keine Eier gelegt und ohne Gras zum Fressen hätten die Kühe keine Milch gegeben, aus der

Welche Gegenstände auf diesem Bild stammen von den Pflanzen? (Lösung auf S. 153)

die Butter gemacht wurde! Habt ihr zuviel gegessen? Wenn ihr nun etwas trinkt, dann stammen alle Getränke außer Wasser wiederum von den Pflanzen: Fruchtsaft, Bier, Wein oder süßer Sprudel.
Der Stuhl, auf dem ihr sitzt und der Tisch, an dem ihr arbeitet, sind aus Holz; die Pflanzenprodukte begleiten euch überall. Der größte Teil eurer Kleidung ist aus Baumwolle, einer Pflanzenfaser. Eigentlich ist auch die Wolle ein Geschenk der Pflanzen, denn sie wurde von Schafen geschoren, die sich vom Gras ernährt haben (das gleiche gilt für die Schuhe, die aus dem Leder pflanzenfressender Tiere gemacht wurden).
Von den Pflanzen stammen auch die Grundstoffe zahlreicher Medikamente (das wertvolle Penicillin etwa wird aus den Kulturen winziger Pilze gewonnen). Wir könnten hier noch eine unendlich lange Liste aufführen, aber zum Schluß sollt ihr wenigstens noch wissen, daß auch dieses Handbuch einmal eine Pflanze war: Das Papier wurde aus Zellulose, einem Bestandteil der Bäume, hergestellt.

Ihr seht ganz richtig!

Steckt eine Bohne oder eine Erbse in einen Blumentopf. Haltet die Erde feucht und stellt den Blumentopf in die Sonne. Nach etwa 1 Woche geht der Samen auf.
Wenn die Pflanze eine Höhe von mindestens 12 cm erreicht hat, stellt zwei Bücher oder zwei Ziegelsteine auf beiden Seiten neben den Topf und legt eine Glasscheibe darüber. Die

Auf der Glasscheibe anzeichnen

Glasscheibe auf Ziegel oder Bücher auflegen

obersten Blätter der Pflanze sollen die Glasscheibe berühren. Zeichnet nun mit einem Filzstift die Stelle an, wo das Blättchen die Scheibe berührt. 3–4 Stunden später werdet ihr feststellen, daß sich der Blütenstengel verschoben, besser gesagt um einige Grade gedreht hat. Könntet ihr unter die Erde schauen, so würdet ihr sehen, daß sich auch die Wurzeln gedreht haben; sie haben ihre äußersten Spitzen um einige Grade verschoben.
Die Richtung der Umdrehung ist von Pflanze zu Pflanze verschieden: So dreht sich zum Beispiel der Hopfen von rechts nach links, während die Windengewächse die entgegengesetzte Richtung bevorzugen.

So nicht!

Für uns Zweibeiner ist der Blumenduft nur ein Genuß für die Geruchssinne; für die Insekten hingegen bedeutet er vor allem den Hinweis, hier könnte es eine gute Nektar-Mahlzeit geben. Wollt ihr einen Versuch machen?
Wickelt den Blütenkopf einer Dahlie in ein gleichfarbiges, leichtes Stück Papier ein und

wartet auf eine Biene. Ihr werdet beobachten, daß sich das Insekt – vom Duft angezogen – nicht um die Verpackung kümmert, sondern sich auf die versteckte Blume stürzt.
Wartet, bis sich die Biene entfernt hat (das ist sicherer, denn Bienen können nachtragend sein!), nehmt dann das Papier weg und bedeckt nur das Blütenherz der Dahlie mit einer dicken Pappscheibe der gleichen Farbe. Nun läßt sich keine Biene mehr täuschen. Sie wird euch nicht einmal die Genugtuung geben, so zu tun, als fiele sie auf euren Täuschungsversuch herein und wird sich ohne Zögern einer »unbehandelten« Blume zuwenden!

Betreten des Geländes verboten!

Die Pflanzen schützen sich so gut wie möglich vor den Tieren, die ihre Existenz bedrohen. Oft bildet zum Beispiel eine Reihe von Haaren am unteren Teil des Stiels ein unüberwindliches Hindernis für Insekten, die bis zum »gedeckten Tisch«, den Blüten, hinaufklettern möchten.
Andere Pflanzen, wie etwa die Brennessel, scheiden reizerzeugende Stoffe aus, die auch die ungehörigsten Vielfresser zum Aufgeben zwingen. Wieder andere scheiden solche Stoffe aus, die den möglichen Angreifern nicht schmecken; diese Stoffe machen jenen Insekten nichts aus, die die Pflanze aus anderen Gründen aufsuchen. Warum wohl sehen die bekanntermaßen gefräßigen Schnecken von bestimmten Pflanzen ab, zum Beispiel von Klee oder Weidenröschen, was meint ihr?

Woher kommen sie?

Viele Blumen und Bäume, von denen wir gewohnt sind, sie um uns herum zu sehen, oder deren Früchte wir essen, stammen teilweise aus sehr fernen Ländern. Im Laufe der Jahrhunderte wurden sie uns von unternehmungslustigen Botanikern (oft Laien), die zu diesem Zeck beachtliche Gefahren auf sich nehmen mußten, aus der Fremde mitgebracht. Einige der Pflanzen haben sich bis heute die Spuren jenes exotischen Ursprungs in ihrem Namen erhalten.

Anhand der Tabelle könnt ihr sehen, wie der ursprüngliche Name der Pflanze lautete, aus welcher Sprache er stammt und damit auch, woher die Pflanze kommt.

Deutsche Bezeichnung	*Ursprünglicher Name*	*Ursprüngliche Sprache*
Ananas	nana	guarani
Aprikose	al-barquq	arabisch
Bambus	Bamtu	malaiisch
Flieder	lilak	persisch
Jasmin	yasamin	persisch
Kaffee	qahwa	arabisch
Kakao	caca-huti	aztekisch
Katechupalme	kachu	malaiisch
Kautschuk	kahuchu	karibisch
Mais	maiz	aruachi
Mandarine	mandalin	sanscript
Orange	narang	persisch
Pistazie	pista	persisch
Tabak	tubbaq	arabisch
Tee	teh	malaiisch
Zitrone	limum	arabisch

Wer kennt sich mit Rosen aus?

1. Wieviele Blütenblätter benötigt man, um 100 g Rosenextrakt zur Herstellung von Parfüm zu gewinnen:
100 kg Blütenblätter?
500 kg Blütenblätter?
1 000 kg Blütenblätter?
2. Ein Rosenfeld, das zur Gewinnung von Rosenextrakt angelegt wurde, ergibt jährlich:
500 g Blütenblätter?
1 kg Blütenblätter?
10 kg Blütenblätter?
3. Auf einem Hektar Boden werden angepflanzt:
100 Rosenstöcke?
500 Rosenstöcke?
5 000 Rosenstöcke?

Die Lösungen dieses Rätsels stehen auf Seite 153.

Der heilige Baum

Sicher werdet ihr auch für den nächsten 24. Dezember zum Weihnachtsfest euren Tannenbaum mit vielen fantasievollen Dingen schmücken: mit Lametta, Kerzen, bunten Kugeln und vielem mehr. Weiterhin steht wohl fest, daß unter diesem Baum Pakete und Päckchen erscheinen werden (vielleicht hängt deren Menge auch davon ab, wie ihr euch im Laufe des Jahres verhalten habt?). Nicht ganz so klar ist dagegen, warum es den Weihnachtsbaum gibt und warum gerade die Tanne als Weihnachtsbaum verwendet wird.
Der Brauch stammt aus Nordeuropa und hat wahrscheinlich damit zu tun, daß die Tanne einst als »heiliger Baum« galt. Mit ihren immergrünen Zweigen verkörperte sie die Hoffnung darauf, daß der lange Winter enden und das Frühjahr zurückkehren würde.

Frohe Weihnachten!

Da wir schon dabei sind, bleiben wir auch beim Thema Weihnachten. Hier ist eine Idee für ein (nicht sehr teures) Geschenk, das schon beim Basteln Spaß macht:

Material

Kauft in einem Blumengeschäft eine Kugel aus künstlichem Moos. Die gibt es in allen Größen; die Wahl bleibt euch überlassen. Im gleichen Geschäft könnt ihr auch getrocknete Blumen kaufen. Besorgt euch noch eine Schere, Leim, 2 Haarklemmen, 1 Schachtel Stecknadeln und eine 50 cm lange Schleife in der Farbe, die euch am besten gefällt.

Arbeitsanleitung

- Mit der Schere schneidet ihr zuerst die Stiele der einzelnen Blumen ab, so daß nur noch die Blütenköpfe übrigbleiben.
- Ordnet versuchsweise die einzelnen Blumen auf der Ku-

gel an und steckt sie dabei vorsichtig mit Stecknadeln fest. Habt ihr euch für die Anordnung entschieden, die euch am besten gefällt, so merkt sie euch gut und nehmt erst einmal alle Blumen wieder herunter.

- Jetzt wird es ernst: Steckt die Kugel auf eine Haarklemme, die ihr in einen Korken steckt. Den Korken befestigt ihr auf einer Flasche. Nun steht die Kugel fest und ihr könnt bequem daran arbeiten.
- Klebt die Blumen mit Leim fest; achtet darauf, daß sie so nahe wie möglich beieinander liegen, damit man die Kugel selbst nicht mehr sieht. Solange der Leim noch nicht hält, steckt die Blumen mit Stecknadeln fest; die müßt ihr dann allerdings noch herausziehen, bevor der Leim vollkommen trocken ist. Im oberen Teil der Kugel laßt eine kleine Fläche (etwa 1 Daumenbreite) frei, auf der dann die Schleife angebracht wird.
- Zieht das Band durch eine Haarklemme (so, daß 2 gleichlange Teilstücke entstehen) und steckt diese tief in die freie Fläche hinein. Nun bindet ihr eine Schleife, die dem ganzen Werk die Krone aufsetzt.
- Laßt das Ganze trocknen, nehmt die Kugel von der Halterung und packt sie sorgfältig ein, damit sie beim Transport nicht beschädigt wird. Vergeßt nicht, eine Glückwunschkarte mit eurer Unterschrift hinzuzufügen, damit der Empfänger auch weiß, wem er das ausgefallene Schmuckstück zu verdanken hat.

Grüne Magie

Früher sprach man vielen Pflanzen Zauberkräfte zu. Hier einige Beispiele:
Wollte man jemanden verprügeln, der sich nicht in greifbarer Nähe befand, dann brauchte man nur einen Holunderzweig abzureißen; das ist ein Strauch, der entlang der Waldwege wächst und kleine, beerenartige Früchte trägt. Dann zog man sich das Hemd aus, legte es auf den Boden, nahm den Zweig und schlug mit aller Kraft auf das Hemd ein. So wurden dem Empfänger die Prügel frei Haus geliefert. Den Holunderbusch hielt man außerdem für die Wohnstätte der Hexen; um bestimmt keine ins Haus zu schleppen, verwendete man diese Zweige nicht als Brennholz.
Die Petersilie hat einen »unheimlich« hohen Gehalt an Vitamin C; daher wurde behauptet, daß sie nur von bösen Zauberern angepflanzt würde. Diese waren außerdem daran zu erkennen, daß sie jede Berührung mit Knoblauch sorgfältig vermieden; von ihm hieß es deshalb, er sei ein zuverlässiges Schutzmittel gegen Zauberer und Hexen.
Die Alraune ist ein rübenartiges Gewächs und ihre Wurzel hat angeblich etwas Menschliches. Man schrieb ihr sogar die Fähigkeit zu, einen Schrei auszustoßen, wenn man sie aus dem Boden zog – vor allem bei Nacht. War der Ton sehr schrill, so konnte man sicher sein, daß es sich um eine weibliche Pflanze handelte, bei einem dunklen Schrei hatte man es mit einem männlichen Vertreter zu tun. Aber nur wenige wagten es, diese Hörprobe durchzuführen; schließlich ging das Gerücht um, daß man dem Wahnsinn verfallen würde, wenn man den Schrei der Alraune vernahm.

In einigen Gegenden hält man noch heute an einem Aberglauben fest, der mit der Schule zu tun hat. Wenn man den Ausgang einer Prüfung erfahren möchte, so wirft man einfach ein Weidenblatt ins Wasser: Schwimmt es, geht die Prüfung gut; geht es unter, so bedeutet dies »Pech gehabt!«
Aus dem Fingerhut wurde früher – und auch heute noch – ein Herzmittel hergestellt. Nur wirkt es heute auch dann noch, wenn man die Pflanze nicht ganz persönlich und mit der linken Hand gepflückt hat!
So gibt es noch viele Geschichten über die Pflanzen. Sie sind von Gegend zu Gegend unterschiedlich. Wenn ihr in den Ferien verreist, so versucht einmal, euch umzuhören!

Kennt ihr das Phytotron?

Das ist ein Laboratorium zur Untersuchung von Pflanzen bei entsprechendem Klima.
Es sieht darin aus wie auf einem riesigen Überseedampfer: überall Schaltbretter, Knöpfe, Hebel, Kontrollampen, die an- und ausgehen. Hier werden die Lebensbedingungen der Pflanzen untersucht.
Die Techniker können hier Regen, Sonnenschein, größte Hitze und äußerste Kälte, Tag und Nacht sowie feuchtes Klima und trockene Luft erzeugen. Hier können all die verschiedenen klimatischen und atmosphärischen Bedingungen geschaffen werden, die auf der Oberfläche unseres vielfältigen Planeten anzutreffen sind. So können die einzelnen Lebensphasen der Pflanze beobachtet werden, was in der Natur fast unmöglich (zumindest sehr zeitaufwendig) wäre; außerdem müßten die Wissen-

schaftler ständig von einem Kontinent zum anderen reisen.

Durch das Phytotron werden die Forschungsbedingungen erleichtert. Es gibt keine Entfernungen mehr und der Zeitaufwand ist auf wenige Stunden zusammengefaßt. Man kann an einem Tag zahlreiche Versuche durchführen und beobachten, wie die Pflanzen auf die verschiedensten Umweltbedingungen reagieren.

Auf diese Weise ist es möglich, Getreidearten zu entwickeln, die unempfindlich gegen Kälte sind, oder auch Gemüsearten, die widerstandsfähiger gegen die häufigsten Krankheiten werden.

Die Experten auf dem Gebiet der Botanik, haben mit Hilfe des Phytotrons die Möglichkeit, neue Pflanzenarten zu züchten und damit auch gegen eines der beängstigendsten Probleme der Menschheit anzukämpfen: gegen das Problem des Hungers auf der Welt.

Zur Abwechslung einmal Gemüse

Es macht Spaß, zur Abwechslung einmal Gemüse in den Blumenkästen zu ziehen. Einige dieser Pflanzen sind sehr hübsch und wirken sehr dekorativ; außerdem wachsen sie sehr schnell. In einer großen Samenhandlung findet ihr sicher genügend Auswahl. Achtet jedoch darauf, daß ihr kein Durcheinander anrichtet; pflanzt die einzelnen Arten übersichtlich an!
Wichtig ist, daß am Boden der Kästen Löcher angebracht sind, damit das überflüssige Wasser abfließen kann. Legt zuerst eine Schicht wasserdurchlässigen Kies auf dem Boden des Behälters aus, bevor ihr ihn mit Erde auffüllt.

So wird vermieden, daß Wasser in der Erde zurückbleibt und die Wurzeln faulen läßt.
Steckt die Samen 1–2 cm tief in die Erde; laßt dabei genug Abstand, daß sich die kleinen Pflänzchen frei entfalten können (der richtige Zwischenraum steht auf den Samentütchen). Die Erde soll stets feucht gehalten werden. Jetzt braucht ihr nur noch ein bißchen Geduld.
Habt ihr einen Kasten mit mindestens 50 cm Seitenlänge und der gleichen Höhe, sowie die dazugehörige Erde und auch den Platz, wo ihr ihn hinstellen könnt? Dann könnt ihr auch Mais anpflanzen, oder sogar Sonnenblumen. Diese können jedoch bis zu 2 m hoch werden, und alle Spatzen aus der Umgebung werden euren Balkon besuchen; Sonnenblumenkerne sind nämlich ein Leckerbissen für sie! Achtet den Spatzen zuliebe darauf, daß in der Umgebung keine Katzen sind!

Ein echtes Geduldspiel

Mögt ihr Geduldspiele? Dann zählt die Samen einer Mohnblume! Ihr glaubt, das wäre zu leicht? Gut, dann sollt ihr wissen, daß eine Mohnblume im Durchschnitt 300 000 Samen hervorbringt! Dazu reicht eure Geduld wohl doch nicht! Das macht aber nichts. Ihr könnt ja die Samen anderer Früchte zählen, zum Beispiel die der Pfirsiche, der Kirschen, der Pflaumen – die haben nämlich nur einen Samen und der ist noch dazu groß!

Hier irrte die Marquise

Irren ist menschlich, aber zum Glück hat nicht jeder das Pech, gleich zwei so falsche Prophezeiungen in einem einzigen Satz zu treffen, wie dies die Marquise von Sévigné eines Tages gegen Ende des 18. Jahrhunderts tat. Sie schrieb folgende Zeilen: »Racine, wie auch der Kaffee, werden bald wieder aus der Mode kommen.« Nun, da hat sie sich gründlich verschätzt. Jean Racine gehört zu den größten französischen Schriftstellern, Kaffee wird inzwischen in aller Welt getrunken.

Zu ihrer Entschuldigung (jedoch nur in bezug auf den Kaffee) muß gesagt werden, daß dieses damals so beliebte Getränk gerade erst in Frankreich eingeführt worden war. Die Pflanzen stammten aus den holländischen Besitzungen in Afrika und konnten hier nur unter größten Schwierigkeiten angepflanzt werden.

Ludwig XIV., der berühmte Sonnenkönig, hatte Gefallen gefunden an dem neuen Getränk und beschloß daher, die Pflanzen auf den französischen Antillen anbauen zu lassen, wo das Klima entschieden günstiger zu sein schien. Desclieux, ein treuer Gefolgsmann des Königs, wurde mit diesem Auftrag betraut. Er nahm sich die Angelegenheit sehr zu Herzen und ging so weit, selber Durst zu leiden, um den Pflänzchen seine wertvolle Wasserration abzutreten; aufgrund der langen Schiffsreise liefen sie nämlich Gefahr, zu vertrocknen.

Paß auf, kleine Maus!

Stechpalmen und Mäusedorn sind an sich zwei vollkommen verschiedene Pflanzen. In ihrer Verwendung hingegen haben sie sehr viel gemeinsam: An Weihnachten, zum Beispiel, dienen sie mit ihren schönen, grünen Blättern und den hübschen, roten Beeren als Wohnungsschmuck. Früher hingegen waren sie wegen der scharfen Spitzen an ihren Blättern in den Vorratskammern und Kellern sehr beliebt. Man verwendete sie zur Abdeckung der Speisen, damit diese für Mäuse unerreichbar waren. Da es inzwischen Eisschränke und große Tiefkühltruhen gibt, ist dieser Brauch aus der Mode gekommen. (Was die Mäuse davon halten, ist uns leider nicht bekannt!)
Wußtet ihr auch, daß die jungen Triebe des Mäusedorn genauso lecker schmecken wie Spargel? Probiert es doch einfach einmal!

Gesalzen, aber nicht der Preis!

Knabbert ihr vielleicht auch ganz gern etwas, während ihr Schulaufgaben macht oder Fernsehen schaut? Dann merkt euch folgendes Rezept so lange, bis die Zeit der Melonen kommt. Dann eßt ihr die Melone wie immer, also erst nachdem ihr die Samen aus der Mitte herausgeholt habt. Und jetzt unser Tip:
Auf die Samen kommt es an! Schmeißt sie also nicht weg. Wascht sie gut und legt sie zum Trocknen auf ein sauberes Tuch. Streut reichlich Salz darüber. Nun könnt ihr erst einmal etwas anderes tun, spazierengehen oder spielen.
Wenn ihr zurückkommt, sind die Samen getrocknet. Nun könnt ihr sie in einer Pfanne bei reichlicher Hitze braten. Rührt sie ständig mit einem Holzlöffel um und laßt sie so lange braten, bis sie goldgelb geworden sind. Wenn die ersten Samen anfangen aufzuspringen, so ist das das Zeichen, daß eure Knabberei fertig ist.
Nehmt die Pfanne jetzt vom Herd und schüttet die Samen auf einen Teller. Beim Verzehren der leckeren, lauwarmen, gesalzenen Samen ... guten Appetit!

Goldene Träume

Wußtet ihr, daß die Pfingstrose ein ebenso wirksamer Glücksbringer ist wie das vierblättrige Kleeblatt? Voraussetzung ist allerdings, daß ihr die Blume nachts pflückt. Derjenige, der die Pfingstrose tagsüber pflückt, soll sich nämlich kein Glück einhandeln, sondern den Schnabelhieb eines Grünspechtes, der diese Pflanze ganz besonders ins Herz geschlossen hat.
Laut einer antiken, griechischen Legende war diese Pflanze ursprünglich eine Nymphe mit gleichem Namen. Da Palonia (so lautet der Name auf griechisch) jedoch sehr boshaft war, verwandelten die Götter sie eines Tages in eine Blume. Palonia wurde vor Wut knallrot und behielt diese Farbe auch als Blume bei.
Solltet ihr einmal eine Pfingstrose geschenkt bekommen, so legt sie euch beim Zubettgehen aufs Ohr. Sie wird euch dann »goldene Träume« bescheren.

Die häusliche Parfümfabrik

Hättet ihr Lust, euch euer ganz persönliches Parfüm zu Hause herzustellen? Nichts einfacher als das! Sucht euch wohlriechende, frische Pflanzenteile zusammen und legt sie in 45%igen Alkohol. Ihr könnt auf diese Weise ausgezeichnetes Parfum mit Pfefferminz-, Salbei-, Geißblatt- oder Origanogeruch produzieren. Übrigens: Auch die Nadeln einiger Tannenarten eignen sich mit ihrem besonderen Geruch sehr gut zu diesem Zweck.

Es ist ganz einfach, ein Meister der Parfumherstellung zu werden. Ihr braucht nur die zerkleinerten Blumen oder Blätter 48 Stunden lang in Alkohol zu legen. Danach wird das Gemisch durch einen Filter gegossen, in Flaschen gefüllt und mit einem Etikett versehen.

Das Verhältnis zwischen Alkohol und Pflanzen ist von Fall zu Fall verschieden: Um die jeweils richtige Mischung zu finden, solltet ihr mit kleineren Mengen Versuche anstellen. Später braucht ihr dann nur noch alle Mengen entsprechend zu vergrößern.

Habt ihr eine gute Nase?

Das wird sich zeigen, wenn ihr einmal versucht, an möglichst vielen Blumen zu riechen. Dabei werdet ihr sicher feststellen, daß leider gar nicht alle duften. Ein scheinbar außerordentlich geduldiger Botaniker hat einmal folgende Untersuchung durchgeführt: Er hat bei etwa 4 000 Blumenarten versucht, mit Hilfe seiner Nase herauszufinden, ob eine Beziehung zwischen der Farbe und dem Duft der Pflanze besteht. Seine – in der Tabelle aufgeführten – Ergebnisse zeigen, daß die weißen Blumen den stärksten Duft aufweisen. Ob der Geruch auch angenehm ist, bleibt eine andere Frage. Das ist wohl auch eine persönliche Frage. Beim Geruch ist es nämlich ebenso wie beim Geschmack: Diskussionen sind absolut sinnlos!

Farben der Blüten	*Anzahl der Arten*	*Duftende Blüten*	*Angenehmer Duft*	*Unangenehmer Duft*
weiß	1193	187	175	12
gelb	951	75	61	14
rot	923	85	76	9
blau	594	31	23	8
lila	307	23	17	6
grün	153	12	10	2
orange	50	3	1	2
braun	18	1	0	1

Algen – für jeden Geschmack etwas

Es gibt eine unglaubliche Vielfalt von Algen. Einige sind weich, andere mit einer harten Schale umgeben. Einige sehen aus wie ganz gewöhnlicher Gartensalat, andere wirken wie kleine Schmuckstücke. Es gibt Algen, die Licht erzeugen und andere, die ganze Riffe bilden, weil sich Kalk auf ihren Verzweigungen absetzt.
Bei den Schwimmern sind diese Schlingpflanzen nicht so beliebt, jedenfalls nicht, wenn sie durch die Strömung an den Strand getrieben werden. Im Allgemeinen kommt den Algen jedoch große Bedeutung zu. So werden zum Beispiel der Blasentang und der Riementang als Düngemittel und Tierfutter verwendet.
Aber nicht nur bei den Tieren stehen die Algen auf dem Speisezettel; sie werden auch von Menschen gegessen, die sie zuzubereiten wissen. Dazu gehören vor allem die Chinesen und die Japaner.
Solltet ihr eines Tages in einem Restaurant in Tokio sitzen, so wird euch der Kellner mit Vergnügen viele Arten gebratener, gekochter oder roher Algen servieren, die mit den üblichen Stäbchen mit einer leckeren süßen oder pikanten Soße

verzehrt werden, natürlich ebenfalls aus Algen hergestellt. Bestellt ihr dann eine Suppe oder eine Nachspeise, ist auch diese wahrscheinlich aus Algen gekocht. Das ist aber kein Grund zur Beunruhigung, denn die eßbaren Algen schmecken ausgezeichnet.
Algen sind aber auch sehr ge-

sund. Allein in Japan stellen über 500 Firmen Tausende von Produkten aus Algen her.

Allerdings dienen nicht alle Algen-Erzeugnisse der Ernährung. Aus Algen werden auch Arzneimittel und Klebstoffe gewonnen. Und noch etwas: Ihr habt sicher alle schon einmal Algen gegessen, ohne je in Japan gewesen zu sein. Sie enthalten nämlich eine schleimige Substanz, die in der Süßwarenindustrie zur Herstellung von Gelatine sehr viel verwendet wird!

Ein Fahrstuhl im Wasser

Es gab einmal ein Spiel (heute ist es schwer erhältlich), bei dem ein Männchen in einem Wasserkrug zu Boden sank oder aufstieg, je nachdem, wieviel Druck auf die Öffnung der Flasche ausgeübt wurde. Der Wasserschlauch *(Utricularia)* aus Brasilien ist eine Flußwasserpflanze, die sich ähnlich verhält.

Dieser Wasserschlauch hat beutelartige Blätter, die an der Wasseroberfläche schwimmen; die Pflanze kann damit winzige Tierchen fangen, von denen sie sich gern ernährt.

Je nach Bedarf kann die Pflanze aufsteigen oder hinabsinken. Normalerweise ist sie mit den Wurzeln im schlammigen Grund des Flusses verankert. Wenn aber ihre Blüten reifen und sich öffnen, löst sich die Pflanze vom Grund und steigt an die Oberfläche.

Sind die Blüten dann befruchtet, füllen sich die Beutelblätter mit einer Flüssigkeit; die Pflanze wird jetzt so schwer, daß sie wieder zum Grund hinabgezogen wird. Dort gehen dann die Samen auf und neue Pflanzen entstehen, die sich wiederum wie Fahrstühle (oder auch wie Unterseeboote) verhalten können …

Für die Feinschmecker
Für die Helden
Für die Studenten

Seine Blätter gehören zu vielen Soßen und seit Jahrhunderten verleihen sie den leckersten Speisen ihr Aroma. Obwohl der Lorbeer heute fast nur noch in der Küche verwendet wird, kann er doch auf eine sehr ruhmreiche, vielseitige Vergangenheit zurückblicken. In Griechenland war der Lorbeer dem Apoll geweiht; durch die Zeit der Antike hindurch schmückten Kränze aus Lorbeerzweigen die Köpfe der berühmtesten Männer. Wir finden sie bei den Feldherren wieder, die glorreiche Siege errungen hatten, aber auch bei den großen Dichtern und natürlich auch bei den Kaisern.
Auch die fleißigen Studenten hatten das Recht, ihren Kopf mit einem Lorbeerkranz zu schmücken – zum Zeichen des erfolgreichen Abschlusses ihrer Studienzeit.

Vorsicht, Pilze in Sicht!

Wißt ihr, wieviele Pilzsorten es auf und unter der Erdoberfläche gibt? Über 100 000! Wenn ihr allerdings kein Mikroskop habt, könnt ihr schwerlich alle sehen, da ein großer Teil von ihnen für das bloße Auge unsichtbar ist. (Unsichtbar, aber deshalb nicht weniger wichtig!) Zu diesen winzig kleinen Pilzen gehören zum Beispiel die Hefe, ohne die es weder Brot noch Wein gäbe, und der Schimmel, ohne den wir weder Käse noch Penicillin hätten. Allerdings gibt es unter den winzigen Pilzen auch solche, die nicht mehr zu empfehlen sind.

Wenn wir von Pilzen sprechen, denken wir doch im Allgemeinen an die größeren, nämlich an die, die wir im Wald sammeln und dann zu einer leckeren Mahlzeit verarbeiten. Seid ihr aber sicher, die guten von den schlechten unterscheiden zu können? Hier gilt es, sehr vorsichtig zu sein, denn wenn ihr nicht aufpaßt, könntet ihr nach einer herrlichen Pilzmahlzeit von schrecklichem Bauchweh heimgesucht werden – und damit wärt ihr noch gut dran! Schaut euch also auf jeden Fall die Pilze erst einmal mit einem Fachmann zusammen an, denn nur so könnt ihr lernen, die eßbaren von den giftigen zu unterscheiden.

Die schwarze Rose

Muß man ein Zauberer sein, um eine weiße Blume in eine schwarze zu verwandeln? Oh nein! Jeder Pfadfinder bringt so etwas fertig –, wenn er den Trick kennt.

Nehmt eine Margerite oder eine Rose oder eine Tulpe oder jede andere Blume, – die Hauptsache ist, sie ist weiß oder gelb. Taucht ihren Stengel etwa 10 cm tief in ein Röhrchen mit schwarzer, blauer oder grüner Tinte.

Um es euch einfach zu machen, könnt ihr das Röhrchen in ein größeres Gefäß (vielleicht in ein Glas) stellen.

Nach 2–3 Stunden beginnt sich die Blume zu verfärben. Sie hat über die Gefäße, die die Flüssigkeit bis zu den Blütenblättern führen, die Tinte »getrunken«; von dem farblichen Ergebnis könnt ihr euch selbst überzeugen!

Wenn ihr einen besonders originellen Blumenstrauß zusammenstellen wollt, dann färbt einige Blumen mit verschiedenen Tinten ein und ergänzt den Strauß mit ein paar »unbehandelten« weißen oder gelben Blumen. Ihr werdet sehen, die Wirkung ist umwerfend!

Abenteurer der Natur

Riesige Kaimane gleiten an den Kanus und den Flößen vorbei, die den Orinoco, einen Fluß im Innern Brasiliens, hinabfahren. Wir schreiben das Jahr 1804. Zwei europäische Forscher, der Deutsche Alexander von Humboldt und der Franzose Aimé Bonpland, stehen am Ende ihrer fantastischen fünfjährigen Reise.

Sie sind erschöpft von der großen Hitze und von Mücken gequält. Sollte es das Unglück wollen, daß ihr Kanu in einen Strudel des Flusses gerät (der Fluß ist an einigen Stellen über 5 km breit), dann wäre dies das traurige Ende der Reise und auch der seltenen Pflanzen!

Ihr habt richtig gelesen, diese beiden Männer haben diese Wildnis aufgesucht, um neue Pflanzenarten zu entdecken. Sie haben außergewöhnlichen Mut bewiesen bei diesem zermürbenden Marsch durch das Amazonasgebiet, das noch bis heute teilweise unerforscht ist. Jaguare und Riesenschlangen sind ihnen begegnet; sie hatten es mit der einheimischen Be-

völkerung zu tun, die sich den Fremden gegenüber manchmal sehr freundlich, manchmal aber auch argwöhnisch oder gar feindlich verhielt. In vielen Momenten der Gefahr versagten die Gewehre aufgrund der ewigen Feuchtigkeit.
Die Expedition kam nur sehr langsam voran. Ständig lebten die beiden Forscher in großer Gefahr: Sie wurden von starken Fiebern befallen, verloren ein Floß mit dem Großteil ihrer Lebensmittel, Pferde und vielem anderen.
Trotzdem waren von Humboldt und Bonpland zufrieden. Während der Expedition hatten sie eine Vielzahl von Pflanzen entdecken und katalogisieren können. Einige waren ihnen bereits nach Europa vorausgereist, wo sie sich unter der Aufsicht sorgfältiger Botaniker schon gut entwickelt hatten.
Man steht noch heute ungläubig vor der Pracht dieser exotischen Blumen mit ihrem Farbenreichtum – und ebenso vor den unsagbaren Abenteuern der beiden ausdauernden und mutigen Forscher.

Gemüse nach Maß

Eßt ihr gern Gemüse? Nein? Na, was hättet ihr dann vor etwa 200 Jahren gesagt, als man wirklich sehr hungrig sein mußte, um das Gemüse von damals essen zu können!
Es war klein, fade, holzig, voller Krankheiten – da verging einem eher der Appetit. Auch die Reichsten und Mächtigsten hatten keine Möglichkeit, eine bessere Qualität zu bekommen, aus dem einfachen Grund, weil es die nicht gab!
Nehmen wir einmal die Melonen (auch wenn das streng genommen kein Gemüse ist). Sie stammen aus Afrika und waren schon im 15. Jahrhundert auch in Europa bekannt. Allerdings waren sie nicht im entferntesten so groß und so lecker im Geschmack, wie wir es heute gewöhnt sind.
Auch der Lauch wuchs bereits wild in Süditalien und Griechenland, aber er war so klein, daß er mit dem Lauch, den wir heute als Gemüse essen, nicht zu vergleichen ist.
Das gleiche gilt für die wilden Möhren, die es noch heute gibt. Jeder kann sie suchen; vergleicht einmal ihre dünnen, weißen Wurzeln mit den großen orangefarbenen, die an den Gemüseständen angeboten werden!
Welches Wunder hat eine solche Veränderung der Natur

bewirkt? Es war ein Wunder der Wissenschaft. Tüchtige Botaniker entdeckten, daß je nach Bodenverhältnis und Klima die wilden Möhren gewisse Unterschiede aufwiesen (das gleiche gilt für alle anderen Gemüsearten). Einige waren größer, andere süßer, wieder andere zarter.

Diese verdienstvollen Botaniker begannen also, die Pflanzen zu kreuzen, sie suchten Pflanzen mit ganz besonderen Eigenschaften aus, und deren Samen wurden dann gegenseitig befruchtet. So vererbten sich die besten Vorzüge der »Eltern« weiter.

Durch diese ständige Auswahl kamen – ähnlich wie bei der Tierzüchtung – die Gemüsearten zustande, die wir heute bewundern können. Die Arbeit auf diesem Gebiet ist noch nicht beendet und es wird eine immer bessere Qualität gezüchtet. Nach all dem, was wir euch berichtet haben, rümpft ihr sicher nicht mehr so leicht die Nase beim Anblick dieser grünen Delikatessen!

Laßt Blumen sprechen!

Können Blumen sprechen? Aber sicher! Seit Jahrhunderten haben diese herrlichen Erzeugnisse der Natur eine Sprache. Damit werden die verschiedensten Botschaften mitgeteilt, vor allem aber Gefühle. Nur muß man natürlich die gleiche Sprache benutzen, wenn man sich gegenseitig auch verstehen will. Deshalb gleich ein Auszug aus dem Blumen-Wörterbuch:

Anemone: Ich rechne mit deiner Ausdauer.

Begonie: Wir sind Freunde.

Brennessel: Trau mir lieber nicht!

Dahlie: Ich denke immer an dich!

Distel: Misch dich nicht ein ..., oder es gibt Ärger!

Erika: Du kannst auf mich zählen.

Glockenblume: Du machst dich über mich lustig.

Kornblume: Ich bin leider sehr schüchtern.

Löwenzahn: Ich hab dir viel zu sagen ...

Maiglöckchen: Ich liebe die Ehrlichkeit.

Margerite: Ich achte dich sehr.

Mimose: Ich liebe die Sicherheit.

Narzisse: Ich hab's satt, auf dich zu warten!

Nelke: Ich bin von Natur aus mutig.

Primel: Wir werden uns ein Leben lang lieben!

Rose: Komm zu mir, ich möchte dich sehen!

Sonnenblume: Ich möchte eine Reise machen.

Stiefmütterchen: Ich denke an dich!

Trollblume: Wir sind rundherum glücklich.

Tulpe: Ich warte auf deine Nachricht ...

Veilchen: Vor dir habe ich keine Geheimnisse!

Alle Achtung, was für ein Baum!

Nennt – ohne nachzudenken – den Namen eines Baumes. Erfahrungsgemäß wird meistens die Eiche genannt. Dafür gibt es auch einen Grund: Jeder weiß, was eine Eiche ist, auch wenn er sie noch nie gesehen hat oder aber nicht erkennen sollte, wenn er vor ihr steht.
Die Ursache für die Berühmtheit dieses Baumes läßt sich in ferner Vergangenheit finden. Die Eiche war damals in den Religionen vieler Völker der Baum, der dem höchsten Gott geweiht war (in Griechenland etwa Zeus).

Der Baum erscheint sehr stark und mächtig; sein Holz ist außerordentlich widerstandsfähig. Deshalb war er seit der Antike ein Symbol für die besten Tugenden: für Mut (im antiken Rom wurde dem Soldaten der einem Kampfgefährten das Leben gerettet hatte, ein Kranz aus Eichenblättern aufgesetzt) bis hin zu Ausdauer und außerordentlichen, sportlichen Leistungen (die Sieger der olympischen Spiele wurden ebenfalls mit einem Kranz aus Eichenblättern geehrt).

Eine Collage aus getrockneten Blumen und Blättern

Aus getrockneten Blumen, Blättern und Rindenstücken könnt ihr eine Collage zusammensetzen, deren künstlerischer Wert davon abhängt, wieviel Fantasie ihr bei der Zusammenstellung aufbringt.

- Während der schönen Jahreszeiten sammelt ihr Blumen und Blätter aller Formen und Farben. Vergeßt nicht, auch einige sehr lange Gräser zur Seite zu legen, die sich sehr gut als Stiele für die Blumen eures Meisterwerkes eignen werden. Auch kleine Birken-Rindenstücke werden sich als nützlich erweisen. Sammelt aber nur die zu Boden gefallene Rinde auf: Lebende Rinde von einem gesunden Baum abzulösen ist ein Verbrechen!
- Laßt das gesamte Material trocknen, als wolltet ihr eine Pflanzensammlung anlegen. Ordnet dann die verschiedenen Pflanzenarten in Schachteln ein, ohne sie gleich bunt durcheinander zu mischen.

• Schneidet oder sägt auch aus starker Pappe oder Sperrholz ein Quadrat oder ein Rechteck (mit einer Seitenlänge von höchstens 40–50 cm) aus. Darauf skizziert ihr mit einem Bleistift die Umrisse der Collage, so wie ihr euch sie vorstellt. Auf die Zeichnung klebt ihr nun die einzelnen Pflanzenteile, wobei ihr zuerst die Stiele, dann die Blätter und zum Schluß die Blumen anordnet. Natürlich können am gleichen Stiel verschiedene Blumen angebracht sein; das gleiche gilt für die Blätter. Achtung: Die Regeln der Botanik könnt ihr umwerfen, aber die des guten Geschmackes besser nicht! Bemüht euch also gleich, die Farben und Formen entsprechend zusammenzustellen.

Wie viele?

1. Wie viele Pflanzenarten gibt es auf der Erde?
   10 000; 100 000; 500 000?
2. Wie viele Meter kann ein Efeu an Höhe erreichen?
   0,5m; 2m; 5m?
3. Es gibt viele verschiedene Dahlienarten. Wie viele sind es ungefähr?
   50; 100; 1 000?

Die Lösungen findet ihr auf Seite 153.

Unten kalt, oben warm

Die idealen Lebensbedingungen für eine Palme bestehen dann, wenn sie ihre Wurzeln in kühlem Boden und ihre Blätter in der brennend heißen Sonne ausstrecken kann. Daher fühlt sich zum Beispiel die Dattelpalme im Gebiet der Wüstenoasen wohl.

Ihre Früchte, die berühmten Datteln, sind außergewöhnlich süß und wohlschmeckend. Die Entstehung dieser Früchte ist jedoch etwas kompliziert. Würde man die Befruchtung der Natur überlassen, so gäbe es nur eine sehr geringe Ernte. Tatsächlich kann man die Samenübertragung weder dem Wind noch den Insekten anvertrauen, da männliche und weibliche Bäume oft weit voneinander entfernt stehen.

Statt dessen sorgen Spezialarbeiter dafür, daß die Ernte gesichert ist und ein genügender Vorrat an Datteln bereitsteht. Diese Arbeiter, die natürlich schwindelfrei sein müssen, klettern mit viel Geschick auf die Palmen hinauf, wo sie von den männlichen Blüten den Blütenstaub einsammeln und ihn dann zu den weiblichen Blüten anderer Palmen tragen.

Auch Kakteen stellen Ansprüche!

Befruchtete Kaktusblüten verwandeln sich – wie die Blüten aller anderen Pflanzen – in Früchte, die Samen enthalten. Die Früchte bestimmter Arten dieser stacheligen Pflanzen enthalten über 2 000 Samen. Zum Glück entstehen nicht aus allen Samen neue Kakteen, sonst wäre praktisch die ganze Erde davon überflutet.
Sehr viele Kakteen gibt es in einigen Gebieten Mexikos und im Süden der Vereinigten Staaten. Aber auch bei uns in Europa, zum Beispiel in Sizilien und Kalabrien wachsen Kakteen. Da ist etwa der berühmte Feigenkaktus mit den wohlschmeckenden Früchten, die sich jedoch wegen der dichten, winzigen Stacheln nur schwer schälen lassen.
Neben den wilden Kakteen gibt es aber auch die Zimmerkakteen. Diese sind sehr viel kleiner und überall anzutreffen, wenn sie die entsprechenden Lebensbedingungen geboten bekommen.
Möchtet ihr euch zu Hause auch eine »Wüstenecke« einrichten? Geht zum Blumenhändler und kauft euch einen Kaktus. Wenn ihr ihn gut behandelt (und das erfordert wirklich nicht viel Mühe!) werdet ihr erleben, wie er wächst und blüht.
Schädlich für die Kakteen ist: Luftzug, Staub, ein dunkler Standort und zuviel Wasser. Auch lieben sie es gar nicht, wenn man ihren Standort wechselt oder wenn sie Kälte abbekommen (die Temperatur sollte zwischen 12° und 20°C liegen). Gebt ihr ihm dann noch zur geeigneten Zeit (die weiß der Blumenhändler) etwas Pflanzendünger, dann wird euch euer stacheliger Freund seine Dankbarkeit mit einer prachtvollen Blüte zeigen!

Keine Rose ohne Dornen

Gibt es wirklich keine Rose ohne Dornen? Doch, unter den über 10 000 verschiedenen Sorten, die im Laufe der letzten beiden Jahrhunderte von den Botanikern gezüchtet wur-

den, gibt es sogar sehr viele Rosen ohne Dornen.
Eine neue Rosensorte ist der

»Sohn«, der durch die Verbindung von zwei verschiedenen Rosensorten, die als »Vater« und als »Mutter« gewählt werden, entsteht.
Ihr wißt ja, daß alle Kinder von den Eltern und auch von den Großeltern bestimmte Eigenschaften erben. Das gleiche geschieht bei den Rosenkindern, die aus den Samen der Früchte entstehen, die wiederum durch die Befruchtung einer Rosenart mit dem Blütenstaub einer anderen Rosenart gewachsen sind.

Auch der Wind, die Bienen und die Schmetterlinge können neue Rosensorten entstehen lassen, indem sie den Blütenstaub von einer Blume zur anderen tragen. Ihr Beitrag auf dem Gebiet der Zucht ist jedoch nur sehr gering. Da gibt es Experten, die mit außerordentlicher Sorgfalt und Geduld über die Befruchtung verschiedener Rosen wachen, bis wirklich eine neue Blumensorte entstanden ist. Stets stehen sie vor den Fragen: Wie wird die Farbe ausfallen? Wird die Rose einen angenehmen Duft haben? Um Antwort auf diese Fragen zu bekommen, müssen diese Züchter ungefähr 10 Jahre warten. So lange dauert es nämlich, bis ein neuer Rosenstock entstanden ist.

Zum Schluß gibt es dann aber noch eine Schwierigkeit: Die Rosenstöcke in unseren Gärten müssen besonders widerstandsfähig gegen Krankheiten und ungünstige Wetterbedingungen sein. Die jungen Rosenstöcke werden daher auf den Stamm der Hundsrose aufgepfropft. Das ist eine wilde Rosenart, die ihre außerordentlich große Widerstandsfähigkeit bereits dadurch bewiesen hat, daß sie – versteinerte Funde beweisen es – seit 200 Millionen Jahren auf unserer Erde lebt.

Ein Gewürzgarten

Wenn ihr einen Balkon habt und einige Blumenkästen, die ihr mit Erde anfüllt (bedeckt aber den Boden vorher mit einer Schicht Kies), könnt ihr einen Miniatur-Gewürzgarten anlegen.

Basilikum: Während der Monate März und April verkaufen Gärtner kleine Basilikumpflanzen. Pflanzt sie sofort an einen sonnigen Platz und gießt sie nicht zu stark. Nach etwa 2 Wochen schneidet ihr die Spitzen der Pflanze ab, damit sie etwas buschförmig weiterwachsen. Die Blätter für Soßen und andere Speisen schmecken übrigens am besten, wenn ihr sie morgens erntet!

Lorbeer: Die Lorbeerpflanze verlangt trockenen Boden, viel Sonne und eine windgeschützte Lage. Die Pflänzchen werden im April gesetzt und – nachdem sie eine gewisse Höhe erreicht haben – beschnitten. Die Pflanze behält das ganze Jahr über Blätter und ihr könnt ohne Unterbrechung ernten. Bevor ihr die Blätter verwendet, laßt sie jedoch wenigstens 1 Tag lang trocknen.

Origano: Der Origano, der so gut auf der Pizza schmeckt, wird im April und Mai in Form kleiner Pflänzchen verkauft. Sie brauchen wenig Wasser, ihr Standort soll warm, trokken und sonnig sein. Der Origano läßt sich auch gut als Ableger züchten. Es genügt, ein etwa 7 cm langes Zweiglein in ein Gemisch von Sand und Torf zu pflanzen.

Petersilie: Damit ihr über eine lange Zeit hinweg ernten könnt, sät ihr die Petersiliensamen zu verschiedenen Zeiten in zwei Kästen aus. Dann verteilt ihr die Samen auf der feinen, gut gelockerten Erde und bedeckt sie mit einer dünnen Erdschicht. Daraufhin legt ihr ein feuchtes, altes Tuch über die Kästen, das ihr abnehmt, sobald die Samen zu sprießen beginnen. (Das wird etwa 40 Tage dauern.) Nun braucht ihr nur noch zu gießen. Ihr solltet Anfang April mit der Saat im ersten Blumenkasten beginnen und etwa 2 Wochen später den zweiten Blumenkasten in Angriff nehmen. Die Petersilie wird geerntet, indem die Stiele vorsichtig abgeschnitten werden. So bleibt die Pflanze erhalten und kann neue Blätter hervorbringen.

Die »grüne Kuh«

Sollten euch einmal mitten im Amazonasgebiet Hunger und Durst überkommen, so sucht schnell nach dem Milchbaum. Wenn man die Rinde des Baumes anschneidet, so fließt eine weißliche, dicke aber wohlschmeckende und energiespendende Flüssigkeit heraus. Diese Milch ist vor allem morgens sehr reichlich vorhanden, bevor sich die Eingeborenen selbst »zum Melken« begeben. Aus der Milch dieses Baumes werden auch ausgezeichnete Käsesorten hergestellt, und vielleicht überlegen einige Botaniker bereits, wie sie diesen Baum mit einer Kaffee- oder Kakaopflanze kreuzen könnten. Auf diese Weise würden sie vielleicht unheimlich praktische Bäume erzeugen, die Milchkaffee oder Schokolade liefern könnten.

Ein Bild aus den Tiefen der Gewässer

Wenn ihr das nächste Mal am Meer seid, so sucht euch aus dem Wasser eine kleine, dekorative Alge aus. Zu Hause legt ihr sie in eine Wasserschüssel und ihr werdet sehen: Sie erholt sich wieder. Ohne sie aus dem Wasser herauszunehmen, legt ihr sorgfältig eine rechtekkige Pappe unter die Alge; achtet darauf, daß diese darauf zu liegen kommt. Legt sie mit Hilfe eines Stäbchens so darauf zurecht, wie ihr es gerne haben möchtet und nehmt die Pappe (mit der Alge) heraus.
Nachdem das Wasser gut abgelaufen ist, bedeckt ihr die Alge mit einem feinen Tuch (ein Taschentuch eignet sich sehr gut). Das Ganze legt ihr dann zwischen zwei dicke Blätter Löschpapier. Zum Pressen kommt nun ein dickes, schweres Buch darauf. Wenn ihr 48 Stunden wartet, bevor ihr Buch, Löschpapier und Taschentuch abnehmt, dann ist die Alge buchstäblich in den Karton eingedrungen.
Mit einem Rahmen versehen könnt ihr das Bild nun in eurem Zimmer aufhängen.

Ach, was für ein zierliches Pflänzchen!

Besitzt ihr in eurem Garten einen kleinen, geschützt gelegenen Teich mit einem Durchmesser von mindestens 5 m, oder ein kleines Schwimmbekken? Dann könnt ihr versuchen, die *Victoria regia* zu züchten. Diese Wasserpflanze, die zu der Familie der Seerosen gehört, wächst nämlich auf den Nebenflüssen des Amazonas und kann nicht gerade als klein bezeichnet werden. Ihre Blätter erreichen einen Durchmesser von 2 m und sind mit einem etwa 10 cm hohen Rand versehen. Ein kleines Kind kann so ein Blatt leicht als Floß verwenden.

Auch die Blüten der Victoria regia (sie verdankt ihren Namen der Königin Victoria von England) sind von beachtlicher Größe. Sie erreichen einen Durchmesser von 40 cm. Wenn sie sich abends öffnen, so sind sie rosarot. Wenn sie sich jedoch am Morgen des darauffolgenden Tages schließen, so haben sie sich verwandelt und sind cremefarben geworden. Sie strömen einen starken Duft nach Ananas aus, und die Samen ihrer Früchte werden von den Einheimischen am Amazonas als Lekkerbissen verzehrt. Sie rösten die Samen ähnlich wie den Mais auf dem Feuer.

Wer nicht die Möglichkeit hat, diese »zierliche« Pflanze zu Hause zu züchten, kann sie auf jeden Fall in vielen botanischen Gärten bewundern.

Naturverbundene Berufe

Irgendwann einmal träumt wohl jeder davon, im Kontakt mit der Natur zu leben. Dieser Traum kann auch bei euch Wirklichkeit werden, wenn eure Liebe zur Natur so stark ist,

daß ihr eine Arbeit wählt, die euch dieses Leben inmitten der Natur ermöglicht. Es gibt mehrere solcher Berufe, die ganz unterschiedliche Fähigkeiten und Begabungen verlangen. Einige wollen wir gemeinsam betrachten:

Blumenzüchter

Zum Blumenzüchten gehören verschiedene Arbeiten: die Pflege der einheimischen und exotischen Pflanzen in Gewächshäusern, die Arbeit in den Pflanzenschulen, der Handel mit den Blumen und die Verteilung an Kleinhändler. Auch der Besitzer des Blumengeschäfts in eurem Wohnviertel ist ein Blumenzüchter. Er muß die Pflanzen kennen; hinzu kommt eine gewisse künstlerische Fähigkeit, sie so vorteilhaft wie möglich zusammenzustellen. Seine Arbeit ist bestimmt nicht einfach, aber auch sehr angenehm.

Voraussetzungen: Verlangt werden eine gewisse körperliche Widerstandsfähigkeit sowie Genauigkeit. Natürlich erwartet man eine ausgezeichnete Kenntnis der Pflanzenwelt.

Agronom

Ein Agronom befaßt sich mit der Bodenbeschaffenheit und der wirtschaftlichen Ausbeutung des Bodens. Er muß über großes Wissen verfügen: Die verschiedenen Pflanzenarten, ihre Krankheiten, die Schutzvorkehrungen, die Düngemittel, die Laboruntersuchungen, Geologie, Hydrologie und noch viele andere Dinge müssen ihm vertraut sein.

Voraussetzungen: Begabung zur Mathematik, Chemie, zu den Naturwissenschaften allgemein; keine Angst davor, sehr viele Jahre die Schulbank zu drücken: von der Grundschule bis zur Universität.

Ökologe

Die Ökologie befaßt sich mit der wechselseitigen Beziehung zwischen Lebewesen und ihrer Umgebung. Wenn zum Beispiel eine Straße geplant wird, die durch einen Wald führt, so muß der Einfluß untersucht werden, den der Motorenlärm auf die Tierwelt ausübt; man muß Möglichkeiten finden, der Brandgefahr vorzubeugen, die durch Zigarettenstummel unvorsichtiger Raucher hervorgerufen wird. Außerdem muß man Parkgelegenheiten anlegen und dafür sorgen, daß die Autos nicht einfach in das Unterholz eindringen können.
Voraussetzungen: Der Ökologe muß ein beschlagener Botaniker, Biologe und Geologe sein; außerdem sollte er eine große Liebe für die Natur und ihr Gleichgewicht empfinden. Seine Arbeit spielt sich nicht immer an der frischen Luft ab, sondern er muß auch viele Stunden am Schreibtisch oder im Laboratorium verbringen.

Landschaftsarchitekt

Der Landschaftsarchitekt legt Gärten an, pflanzt Bäume, verändert gegebenenfalls die Wasserläufe oder Hügelketten; er fügt die Natur in die Stadt ein. Der Landschaftsarchitekt zeichnet Parkanlagen, verwandelt die Streifen entlang der Autobahn in blühende Beete oder farblose Fabrik-

höfe in bunte Gartenanlagen. Er arbeitet also ähnlich wie ein Architekt, nur sucht er sich sein Baumaterial direkt in der Natur!
Voraussetzungen: Sehr gute Kenntnis der Pflanzen und der Kunstgeschichte; Fähigkeiten eines technischen Zeichners, Mathematik-Kenntnisse und unheimlich viel Fantasie.

Meteorologe

Der Meteorologe weiß mit fast vollkommener Sicherheit, wie das Wetter morgen oder in einer Woche sein wird; er kann eine Trockenzeit, aber auch eine besonders starke Regenzeit, oder die Ankunft eines Wirbelsturms voraussehen. Dadurch ist es möglich, die Bevölkerung des betroffenen Gebietes zu warnen, damit sie rechtzeitig Schutzvorkehrungen treffen, oder eventuell sogar das bedrohte Gebiet verlassen kann. Die Meteorologie wird eine immer exaktere Wissenschaft (wenn auch kleine Fehler möglich sind). Das liegt vor allem daran, daß sie in letzter Zeit über künstliche Satelliten verfügt, die den Weltraum wie aufmerksame Wächter durchforschen. Sie senden Informationen und Fotografien über alle atmosphärischen Vorgänge, die die Erde betreffen, zur Basis herunter.

Voraussetzungen: Fundierte Kenntnisse der Astronomie, der Geographie sowie der Klimatologie. Daneben außerordentliche mathematische Fähigkeiten, die zur Ausarbeitung der vorliegenden Daten notwendig sind. Außerdem werden Genauigkeit und Konzentrationsfähigkeit verlangt: Es ist verboten, »in den Wolken zu schweben«!

Förster

Er versucht, das natürliche Gleichgewicht in unseren Wäldern zu erhalten. Aber es muß nicht immer ein Wald sein: In einem Naturschutzpark zu arbeiten, ist eine einmalige Erfahrung. Das Leben spielt sich in einer einzigartigen Umwelt ab, die noch nicht durch das

Eingreifen des Menschen verunstaltet ist. Es ist sehr mühevoll, dieses Stückchen Erde intakt zu halten, aber aus dieser Arbeit erwächst auch viel Freude und Genugtuung.
Voraussetzungen: Wenn ihr sportliche Typen seid, bereit, jede Mühe auf euch zu nehmen, fähig, tagelange Einsamkeit zu ertragen; wenn ihr weder Kälte noch Hitze fürchtet, wenn ihr Pflanzen und Tiere liebt, gerne lange lauft und schwindelfrei seid, wenn euch ein entbehrungsreiches Leben keine Angst einjagt und wenn ihr einen schweren Rucksack tragen könnt – dann ist das die geeignete Arbeit für euch!

Geologe

Wenn euch Stein- oder Mineralsammlungen interessieren, dann wäre möglicherweise ein Geologiestudium das Richtige für euch. Der Geologe kennt alle Erdzeitalter, das Alter der Berge und der fossilen Tierabdrücke, die in bestimmten Felsen anzutreffen sind. Er kann mit Sicherheit feststellen, ob unter dem Erdboden (bis in eine Tiefe von 15 000 m) Wasser, Eisenablagerungen, Uran, oder natürlich auch Öl anzutreffen sind. Aus dem Auftreten bestimmter Pflanzenarten an der Erdoberfläche kann er auf die Existenz eines unterirdischen Flusses oder Sees schließen. Mit anderen Worten: Der Geologe soll immer eine Erklärung finden für alles, was die Erde, ihr Leben und ihre Geschichte angeht.

Voraussetzungen: Für diesen Beruf ist ein Universitätsstudium notwendig, und dafür wiederum ist die Begabung für Mathematik, Chemie und andere Naturwissenschaften Voraussetzung. Außerdem gehört die Bereitschaft dazu, unter allen klimatischen Bedingungen an der frischen Luft zu arbeiten. Man muß bereit und auch körperlich dazu in der Lage sein, im Freien zu kampieren und auf alle Bequemlichkeiten zu verzichten.

Wichtige Adressen

Bund der Pfadfinderinnen und Pfadfinder
– Bundesamt –
Marburgerstraße 18
6300 Gießen
Tel. 0641/36029 oder 36020

Bund für Umwelt- und Naturschutz Deutschland
– Bundesgeschäftsstelle –
Reuterstraße 241
5300 Bonn
Tel. 0228/211421

Schwarzwaldverein e.V.
– Hauptgeschäftsstelle –
7800 Freiburg
Tel. 0761/22794

Bund Naturschutz in Bayern e.V.
– Jugendorganisationen –
Mainzer Straße 22
8000 München 40
Tel. 089/369143

Lösungen

Seite 31
Der Weiher wird gegen Ende des 7. Monats vollkommen bedeckt sein.

Seite 45
Einige Bambusarten können bis zu 90 cm täglich wachsen. Ein echter Rekord!

Seite 45
Über 1 Milliarde Sporen.

Seite 87
Die Antwort ist *Pilz* (einmal als Speise*pilz,* einmal als Fuß*pilz* und einmal als Stopf*pilz*).

Seite 107
Die auf der Zeichnung dargestellten Gegenstände, die direkt aus Pflanzen gewonnen werden, sind: die Stühle und der Tisch, die Kekse, der Orangensaft, die Schokolade, die Baumwollpullover, der Gummi der Schleuder, die Zigarre, das Pistazieneis, das Papier des Buches.

Seite 111
1. 1 000 kg Blütenblätter;
2. 500 g Blütenblätter;
3. 5 000 Rosenstöcke.

Seite 139
1. Es gibt auf der Erde über 500 000 Pflanzenarten;
2. Efeu kann eine Höhe bis zu 5 m erreichen;
3. Es gibt etwa 1 000 verschiedene Dahlienarten.

Inhaltsverzeichnis